VANESSA ÉRICA DA SILVA SANTOS

Mestra em Sistemas Agroindustriais pela UFCG, Especialista em Gestão Pública pelo IFPB, em Direito do Trabalho pela UNOPAR e em Direito Penal e Processo Penal pela UFCG.

CRIMINALIDADE FEMININA
A DESCONSTRUÇÃO DA VITIMIZAÇÃO E A OCORRÊNCIA DAS CIFRAS NEGRAS

S237 Santos, Vanessa Érica Silva

    Criminalidade feminina: a desconstrução da vitimização e a ocorrência das cifras negras / Vanessa Érica da Silva Santos -1ed.- Andradina: Meraki, 2020.

    Bibliografia

    ISBN 979-86-457-6751-8

    1.Criminalidade feminina 2. Criminologia

    1. Título

    CDU – 343.9   CDD – 345.03

LISTA DE ILUSTRAÇÕES

VANESSA ÉRICA DA SILVA SANTOS

VANESSA ÉRICA DA SILVA SANTOS

LISTA DE TABELAS

Sumário

VANESSA ÉRICA DA SILVA SANTOS

VANESSA ÉRICA DA SILVA SANTOS

AGRADECIMENTOS

À minha família, em especial Mainha e Vovó, que através de sua existência mostram a necessidade de sempre persistir em meus sonhos, a eles o agradecimento e a dedicatória de todas as conquistas da minha vida.

De forma muito especial agradeço ao meu marido Edyfran, que sempre me deu forças e que nunca reclamou dos inúmeros dias de dedicação exclusiva a esse trabalho, um verdadeiro companheiro que me apoiou em um dos momentos mais delicados da minha vida profissional.

Aos meus amigos e colegas de trabalho, que nesse momento teceram palavras e gestos de apoio, me ajudando nas demais atribuições profissionais.

Aos meus alunos, que ao proferirem elogios as aulas instigam todas as minhas pesquisas e me fazem querer ser uma pesquisadora e professora cada vez melhor.

Agradeço por fim ao meu amigo e orientador da Especialização em Penal e Processo Penal da UFCG Professor pós doutor Iranilton Trajano da Silva, que além de ser fonte de inspiração, sempre esteve de sorriso e braços abertos para me acolher e demonstrar sua confiança à minha pesquisa.

A todos, meu muito obrigada, e saibam que essa pesquisa é sem dúvida "a menina dos meus olhos".

PREFÁCIO

Executar o prefacio de uma obra literária em qualquer área, o subscritor encarrega-se da missão de apresentar de forma preliminar ainda que breve, fazendo uma explanação teórica sobre seu conteúdo, objetivos ou mesmo, sobre o próprio autor, buscando dar ênfase ao trabalho produzido, demonstrando quão valorosa é a pesquisa, e para isso, deve-se ater ao caráter pessoal do autor, enfocando sua dedicação ao tema, aprofundamento na pesquisa com suas formalidades intrínsecas da escrita, bibliográfica e metodológica, além do respaldo à qualificação empírica na coleta de dados relativos à obra.

Para mim, resta muito gratificante prefaciar este livro, produto de estudo desenvolvido pela minha ex-aluna na graduação e orientanda na pós graduação, professora pesquisadora e advogada Vanessa Érica da Silva Santos, cujo conteúdo é fruto de seu trabalho de conclusão do curso de Especialização em Direito Penal e Processo Penal do Centro de Ciências Jurídicas e Sociais da Universidade Federal de Campina Grande, Campus de Sousa – PB.

Conforme expresso, sua pesquisa agora se transforma em livro, se exteriorizando para o mundo literário bibliográfico, abordando uma temática de extrema importância para academia e para a pesquisa sobre a criminalidade feminina, dando ênfase ao processo de vitimização em que a mulher é vista como um ser incapaz de praticar ou comandar atos delituosos, e por este prisma de inferioridade, as estatísticas omitem os números reais de crimes praticados por agentes femininos, dando certa distorção quanto ao verdadeiro número de crimes praticados por mulheres, constituindo assim, o que se denomina de "cifras negras" ou números não demonstrados e divulgados estatisticamente pelos órgãos ligados a execução penal e ao sistema penitenciário.

Para fomentar o leitor e o pesquisador quanto a criminalidade feminina, fazendo um aporte sobre a desconstrução da vitimização e a ocorrência das cifras negras, a professora mestra Vanessa Erica da Silva Santos, trouxe dentro da metodologia e das técnicas necessárias, uma abordagem contributiva e salutar, de estudos sobre o processo histórico criminológico discutido por cientistas, inovando uma demarcação temporal da antiguidade aos dias atuais.

O trabalho da autora continua de maneira profunda ao tratar do fenômeno da vitimização da mulher, vista como uma vitima social e não como uma "criminosa" capaz de cometer atos delituosos, inclusive, até mais perversos que outros cometidos por homens e para reforçar o estudo sobre a matéria, de forma empírica, quando se baseia na experiência, e na intenção de aprofundar o estudo e a pesquisa sobre a temática, qualidade vista na professora Vanessa, esta demonstrou relatos e dados de uma pesquisa no Presídio Regional Feminino de Campina Grande – PB, através do Programa de Direitos Humanos da UFCG-PRODIH, do qual fez parte, fazendo uma complementação com dados do Sistema de Informações estatísticas do Sistema Penitenciário Brasileiro (INFOPEN), apontando números recentes da população carcerária feminina brasileira, bem como, fazendo uma análise do perfil que o governo atribui a mulher e do tratamento dado pelas autoridades vinculadas à execução penal e ao sistema penitenciário.

A professora mestra Vanessa, sempre desempenhou com esmero, dedicação e presteza suas tarefas como discente e docente, e, na construção deste trabalho concluído em livro, viu a necessidade de traçar um estudo sobre a desconstrução da vitimização da mulher, o que desenvolveu de maneira extraordinária, fazendo um aporte sobre a criminologia e seu caráter cientifico relativo a mulher que não se encaixa no padrão de vitimização, no recorte de uma parcela das mulheres criminosas que são contumazes, que desnudam de um ser inferior, passando ao comando e execução de atos criminosos profundos, a exemplo das organizações criminosas, tecendo maior atenção as "cifras negras".

A obra em si denota-se de importância e grandeza, por ter em seu corpo uma temática atual, que irá perdurar muito na história jurídica do sistema penitenciário como um todo, e certamente, será enaltecida pela dedicação da autora, a qual me honra ser prefaciador

Iranilton Trajano da Silva

Professor Pós-Doutor do Centro de Ciências Jurídicas e Sociais da Universidade Federal de Campina Grande.

APRESENTAÇÃO

Uma pesquisadora decidida a retirar os véus que encobrem as disparidades da nossa sociedade, além de promover reflexões necessárias e o impulsionamento na iniciação de trajetórias de ações. Essa é Vanessa Érica. Advogada, professora e pesquisadora, traz em seu novo estudo "Criminalidade Feminina: A desconstrução da vitimização e a ocorrência das cifras negras" uma nova perspectiva sobre o estudo da criminologia.

Partindo da análise da estigmatização feminina, a autora perpassa por estudos da evolução criminológica, pelo exame das relações de poder dentro de uma estrutura organizacional ilícita, pelos motivos e condições do encarceramento feminino e a névoa que oculta todos esses dados estatísticos entre a realidade e o que é oficialmente registrado, documentado e solucionado pelos órgãos competentes: as cifras negras.

Dividido em quatro capítulos, a autora fornece luz aos fatos e explica, com notável rigor científico, a caracterização que gera o fenômeno da "vitimização", oferecendo ao(à) leitor(a) as especificações da distinção entre situações e grupos que o reproduzem, através do olhar gerado pelo estudo da criminologia crítica feminista.

Instigante, informativo e modificador de posicionamentos, o presente livro contribui, de maneira enriquecedora, para a formação social e criminológica de seus leitores

Ingredhy Eduarda Dantas Barros

Advogada; pós-graduanda em direito penal, processo penal e segurança pública; mestranda em propriedade intelectual e transferência de tecnologias para a inovação.

INTRODUÇÃO

As ciências sociais do Século XXI trazem a necessidade de elucidação acerca das implicações sociais em face da abordagem de gênero, incluindo-se nesse campo a criminologia feminina. Assim, a partir de um estudo voltado dos instrumentos de controle social, marcado por estigmatizações femininas em um modelo patriarcal, se insere a presente pesquisa.

Ao longo dos anos as mulheres foram tratadas como uma criminalização vitimizada, sendo subjugada e pouco estudada pelos criminólogos. A partir de novas conceituações da mulher nas organizações criminosas, é preciso repensar como se tem trabalhado a criminologia feminina e como ocorreu a evolução criminológica, de modo a tentar verificar se o poder público tem dado a atenção necessária às mulheres criminosas, ou se a criminalidade feminina tem ficado nas cifras negras ao longo dos anos.

Segundo Dados do INFOPEN- Mulheres (2018), o Brasil encontra-se com o número de 42.355 mil mulheres aprisionadas, estando ocupando a 4ª posição no ranking mundial de mulheres encarceradas.

A partir desses dados se mostra necessário um levantamento de diagnóstico acerca da criminalidade feminina para que se possa compreender o que tem levado mulheres ao encarceramento, e em consequência, possa o poder público adotar medidas de prevenção e reação ao delito.

Faz-se necessário abordar o que leva a essas diferenciações criminológicas, bem como a abordar os contextos de vitimização da mulher enquanto criminosa e sua evolução no acompanhamento do crime organizado, buscado assim refletir como se tem trabalhado para a redução desses números.

Associado a essa problemática, precisa-se levar em consideração a ocorrência das cifras negras, já que em muitas ocasiões o poder público não chega a ter conhecimento da prática do crime, e em consequência, acaba por não enquadrar tais números em dados oficiais. Assim levanta-se o seguinte questionamento: Estarão as mulheres se utilizando de uma criminologia de subjulgamento vitimizado para aprimorar as práticas delinquentes e saírem impunes no atual sistema com ocorrência das cifras negras? Essas indagações pretendem ser discutidas ao longo da presente pesquisa, de modo que ao final tentará trazer algumas realidades e apresentar propostas de mudanças para o cenário criminológico feminino.

O presente trabalho monográfico parte da utilização do método de procedimento histórico evolutivo, na qual procura identificar o posicionamento da mulher dentro da criminologia, procurando traçar uma evolução histórica do pensamento científico acerca da mulher, e trazer assim um diagnóstico sobre as possíveis motivações, peculiaridades que o recorte de gênero pode oferecer de forma criminológica, ressaltando o desenvolvimento da criminologia crítica quanto às vítimas e autoras de delitos.

Em ato contínuo, se utilizará do método de abordagem hipotético dedutivo, em que se formularão hipóteses acerca dos quantitativos de criminologia feminina, procurando confirmar ou falsear conceitos predeterminados. Em uma classificação metodológica, pode-se aplicar que se tratará quanto à natureza de pesquisa pura, pois se objetiva a produção de conhecimentos novos e úteis para o avanço da ciência em uma aplicação prática hipotética traçada inicialmente.

Quanto à forma de abordagem do problema, é aplicada, pois será dada uma interpretação qualitativa de dados estatísticos, explicando fenômenos não mensurados em dados oficiais.

Quanto aos objetivos gerais pode ser classificada como

exploratória, dado que o tema é pouco abordado do ponto de vista de desconstrução da vitimização, em que busca desenvolver uma ideia mediante hipótese construída na interpretação histórica evolutiva, e quanto a técnica de pesquisa se utilizará a bibliográfica e documental, a partir de pesquisas já realizadas de diferentes ângulos interpretativos, bem como, através de dados oficiais e jornalísticos para elucidação do tema.

No primeiro capítulo, será abordado o processo histórico criminológico, a partir das descrições de alguns cientistas, demarcando as manifestações da antiguidade até a atualidade.

No segundo capítulo será abordada a vitimização dada a mulher criminosa, discorrendo acerca desse fenômeno, em que se coloca como vítima para justificar suas práticas delituosas, bem como a análise do etiquetamento dado pela sociedade a essas mulheres e por fim, se ilustrará a referida situação através de pesquisa realizada no Presídio Regional Feminino de Campina Grande, através do Programa de Direitos Humanos da UFCG-PRODIH.

No Terceiro Capítulo se discorrerão dos dados levantados pelo INFOPEN-mulheres, em edição atualizada de 2018, que aponta os dados mais recentes tabulados em 2016, para identificar qual o "perfil" que o governo atribui a mulher encarcerada, identificando se o sistema prisional brasileiro dá a importância ao recorte de gênero, através da averiguação das prisões. Identificará também o crescimento populacional carcerário feminino e as implicações e explicações acerca desses dados, em que se procurará observar se os cientistas corroboram suas ideias na aplicabilidade prática prisional.

No quarto e último capítulo, se abordará a desconstrução da vitimização da criminologia feminina, a partir da análise feita por cientistas que discordam das abordagens vitimizadas, bem como a partir da interpretação de dados em crimes graves como em organizações criminosas, na qual se avaliará exemplos práticos de ausência de um contexto vitimizado para a prática do delito, bem como trabalhará as teorias que buscam explicar esse fenômeno, dando enfoque nas "cifras negras".

Ao final, procurará responder se ainda deve atribuir a criminosa do século XXI um olhar estigmatizado e vitimizado pelo gênero e subjugado pela sociedade e pelos órgãos de controle social. Avaliará se os dados governamentais correspondem à realidade, e por fim, traçará hipóteses criminológicas críticas ao problema de modo a contribuir cientificamente na tentativa de fomento de prevenção e reação aos delitos.

1

A EVOLUÇÃO HISTÓRICA DA MULHER CRIMINOSA

Ao longo dos anos se observa um número sempre inferior de mulheres aprisionadas em relação aos homens. Historicamente as mulheres são encaradas com uma criminalização de forma secundária, sendo esse esquecimento levado desde a não participação da mesma em eventos públicos e políticos durante as guerras, de modo que "O papel da mulher era entendido como algo dado pela natureza, pela vontade de Deus, cuja aparição pública não ultrapassava a mera figuração muda". (PERROT, 2007).

Pode-se demarcar historicamente um patriarcado sobre o gênero feminino, de modo a sempre verificar uma dominação do gênero masculino, "numa espécie de contrato sexual, por meio do qual se legitima a sujeição das mulheres ao longo da história". (PETERMAN, 1995).

Desse modo pode-se atribuir um androcentrismo na sociedade, pois o papel da mulher sempre foi subjugado. Isso se percebe a partir dos contextos de guerra e política em que os papéis heroicos eram sempre atribuídos aos homens, exemplificando-se com a Odisseia, uma história clássica em que apenas o homem aparece como herói e a figura feminina surge como recompensa, "símbolo sexual, seja como progenitora, esposa ou ama". (RODRIGUES, 2012).

Assim, pode se concluir que essa secundarização de criminalidade foi mantida a partir de justificativas e conformidade com a moralidade, religião e cientistas das épocas.

Corroborando o subjulgamento feminino Almeida (2001) retrata que historicamente uma mulher que figurou como protagonista foi Antígona, que foi uma peça escrita por Sófloces em que há uma rebelação em face do tirano cleonte, em detrimento do estado escravista, no entanto, acaba por trazê-la como uma louca, desviante e a contrapõe em face de sua irmã que é fiel e subserviente.

É a partir do movimento iluminista sobre uma ciência racional, que deflagrou um processo de repressão e silêncio das mulheres. O mercantilismo atrelado ao crescimento das cidades, acabou por trazer uma centralização das atividades masculinas, fazendo com que as mulheres passassem a perder espaço dentro do seio familiar "por exemplo, a classe burguesa passou a instituir que toda a herança recairia na mão dos "varões", dos primogênitos. (BAUER, 2001).

Ocorreu uma restrição das mulheres no seio urbano, na qual deveria praticar apenas pequenos ofícios, realizando atividades secundárias e com a proibição de venda dos resultados. Nesse diapasão foi instaurada uma concepção sobre o que deveria ser feminino e "em locais como na França e Inglaterra passou-se a utilizar do motivo da "castidade" para expulsar mulheres de diversos ofícios". Por conseguinte, o trabalho feminino não doméstico foi declarado, oficialmente, como "desonesto e infamante" (BAUER, 2001).

A partir dessa abordagem inicial sobre o papel da mulher, se conclui que a Revolução Francesa e a Revolução Industrial foram marcos importantes no contexto de lutas sociais de empoderamento feminino. Ao passo que criou ambientes favoráveis a mulher ter voz. No entanto, encontraram barreiras de ordem discriminatório, ao passo que tratavam como indignas, as condutas que não estavam associadas a papeis pré-concebidos, como boa mãe e esposa.

Assim, observa-se que apesar de ter se posicionado em vários momentos históricos, as mulheres diuturnamente foram atribuídas a papeis secundários frente aos avanços de ordem política e econômica. Apresentava-se o estereótipo de retrato de submissão da mulher, de modo a combater a quem não se enquadrava no padrão social esperado.

Partindo dessa abordagem o presente capítulo abordará a historicidade da criminologia feminina, de modo a analisar como a ciência já pregava entendimentos de inferioridade criminológica da mulher, trazendo determinismos de padrões sociais ligados a domesticidade feminina, e acabando por demarcar uma hierarquia do gênero masculino em face do gênero feminino.

1.1 A HISTÓRIA DA CRIMINALIDADE FEMININA DO PONTO DE VISTA CIENTÍFICO

Os dados criminológicos femininos, embora em crescente evolução, ainda é bem inferior aos dados do gênero masculino, se repetindo essa diferenciação há muito tempo na história, de modo que os criminólogos procuraram a explicar a referida diferenciação com inúmeras teorias, conforme afirma Bergalli e Bodelón, (1992, p. 46): "A exclusão das mulheres do mundo público se converte em um elemento fundamental, o qual legitimará as novas explicações científicas e as amoldam ao âmbito penal".

Analisando a criminologia feminina, percebe-se que durante o período medieval até o início da idade moderna, se vinculava através do discurso religioso, sobre uma ameaça do mal de destruição da humanidade, associando as mulheres amaldiçoamentos através de figuras sexuais e sedutoras, motivo pelo qual, no combate se permitia uma verdadeira caça às bruxas, admitindo-se penalidades ligadas a torturas e fogueiras (LEITE, 2017).

Salienta-se que também se utilizava os conventos como cárcere de cumprimento de penas perpétuas, em que as referidas autoridades administrativas traçavam a maneira de como deveria ser o comportamento feminino, exercendo o controle e jurisdição acerca da execução da pena (MENDES, 2014).

A construção social da sobreposição do gênero masculino é marcada pelo estudo do homem e da razão, na qual evidencia o androcentrismo na criminologia, a partir daí simbolizando as influências diretas do patriarcado no contexto criminológico ao destacar que o homem "racional-ativo-forte-potente-guerreiro-viril-público-possuidor" e na mulher "emocional-subjetiva-passiva-frágilimpotente-pacífica-recatada-doméstica-possuída" (ANDRADE, 2012).

A fase científica da criminalidade feminina remonta também ao início da própria criminologia com empregabilidade de métodos científicos. A escola positiva, com os estudos encabeçados de ordem biológica por Lombroso, trouxe a caracterização do que se passou a identificar como criminoso nato, acabando por compreender a criminologia como uma ciência causal-explicativa, em que tinha por finalidade encontrar soluções de combate à criminalidade, partindo do grau de perigo do indivíduo (MENDES, 2014).

Na concepção de Lombroso e Ferrero (1895), tomaram por pressupostos as diferenças fisiológicas entre os gêneros e defendendo que a mulher teria uma evolução inferior ao homem, motivo pelo qual teria uma menor tendência criminosa, chegando a trazer a o motivo da sua menor evolução o fato de que suas atividades exigiam pouco esforço físico, o que acaba por concluir que isso se dava em razão de existir uma imobilidade do óvulo em face à mobilidade do espermatozoide, de modo que justificaria uma passividade feminina.

Lombroso avaliava características físicas e fisiológicas. De acordo com Mendes (2014, p. 41), verificava traços físicos no homem como: "o tamanho da mandíbula, o formato do cérebro, a estrutura dos ossos e traços hereditários, que desencadearão a chamada teoria atávica, do homem geneticamente determinado para o mal, por razões congênitas". Em relação a mulher, enumerou características que na sua ótica indicava a mulher criminosa medindo o crânio e outros sinais físicos, tais como: a assimetria craniana e facial, mandíbula, estrabismo, dentes irregulares, clitóris, pequenos e grandes lábios vaginais. Importante ressaltar que na aludida pesquisa, inicialmente se propôs a indicação de que as características mudavam de acordo com o tipo de crime praticado.

Lombroso fazia uso do método empírico indutivo, e baseava-se na análise da pessoa do delinquente pretendendo dessa forma, apontar relação entre sinais atávicos com as condutas penalmente puníveis. (ALMEIDA, 2006).

Com a utilização de métodos científicos, Lombroso traz a confirmação aos preconceitos estigmatizados de outrora, trazendo agora a certeza científica para criminalizar a população pobre e negra, perspectiva que pode ser observada na obra Lombrosiana O homem delinquente: "muitos estupradores têm os lábios grossos, cabelos abundantes e negros, olhos brilhantes, voz rouca, alento vivaz, frequentemente semi-impotentes e semi-alienados, de genitália atrofiada ou hipertrofiada, crânio anômalo [...]". (LOMBROSO, 2007).

Lombroso em parceria com Ferrero, ratifica com caráter científico a predicação da inferioridade da mulher ao aplicar a teoria etiológica quando escreveu a obra La Donna Delinquente, em que fez uso de argumentos como o peso, altura, estrutura dos ossos, tamanho do crânio e até a quantidade menor de células vermelhas em relação ao homem, para legitimar a inferioridade das mulheres e fundamentar que a criminalidade feminina seria como uma patologia, "um desvio do padrão da mulher normal, dita feminina e maternal". (LOMBROSO, FERRERO,1895).

Em ato contínuo os citados cientistas classificam as mulheres em criminosas natas, ocasionais, histéricas, criminosas de paixão, suicidas, lunáticas, epilépticas e moralmente insanas. Nesse contexto, "[...] atribui as criminosas natas caracteres como a extrema perversidade, sexualidade excessiva, lascívia e caráter vingativo". (MENDES, 2014). Aponta Lombroso (1895) que as delinquentes seriam tomadas de uma insanidade moral, cujo contraveneno seria a maternidade, justificando que o afeto desenvolvido pelo filho conteria de forma eficiente a natureza corrompida da mulher criminosa.

Importante mencionar que nessa perspectiva os cientistas Lombroso e Ferrero realizam uma confrontação entre prostituição e criminalidade, a partir da formulação da mulher como um ser mais degenerado que o homem atávico, infantil e inferior. "Por isso, a prostituição teria como causa uma predisposição à loucura moral, ocasionada por processos degenerativos e hereditários" (ANITUA, 2008).

Aborda Almeida (2006, p. 108), que Lombroso chegara a três classificações em relação a mulher criminosa, a saber:

> As criminosas-natas, que são o tipo mais perverso de estrutura monstruosa e com caracteres masculinos; as criminosas por ocasião, que apresentam características femininas, mas com tendência para o delito por influência do macho; e as criminosas por paixão, que atuam a partir de seu caráter animalesco, movidas pela forte

intensidade de suas paixões. A primeira classificação vem da ideia de que a mulher, a partir de suas características apresenta traços de criminoso-nato e, em comparação ao homem, tem o crânio mais volumoso e cérebro mais pesado, o que dá a mulher qualquer coisa de infantil e selvagem.

Em avanço de sua pesquisa, Lombroso, não tendo conseguido provar a relação entre sinais atávicos com as condutas penalmente puníveis passou a defender o apontamento de sinais de epilepsia associada à loucura moral formulando nesse contexto a tese da hereditariedade criminal, trazia como fundamento a análise de que a maior parte das apenadas era descendente de criminosos e de pessoas atávicas, de modo que as prostitutas e lésbicas possuíam distinções de criminalidade no campo de observação do cárcere (SILVA, 2012).

Após a análise de prostitutas e lésbicas, Lombroso faz uma tipificação de grupos femininos indesejáveis, marcando através da sexualização, bem como, uma doença mental e através de sua obra The Female Offender (1895), classificou a mulher criminosa em oito categorias, sendo elas: criminosas natas, criminosas ocasionais, ofensoras histéricas, criminosas de paixão, suicidas, mulheres criminosas lunáticas, epilépticas e moralmente insanas.

Em comentário a obra de Lombroso, Silva (2012, p. 39), traz as seguintes considerações:

> [...] A partir da tese de que a mulher normal é um ser inferior ao homem, dada ao instinto e não a inteligência, próxima aos selvagens e menos propícia para o crime, os crimes passionais seriam os mais afeitos as mulheres, esses movidos por ciúme, vingança ou motivos fúteis, segundo Lombroso, uma tendência presente no caso da mulher prostituta. Com esses argumentos Lombroso constrói a ideia de que existe uma relação entre o crime e as diferenças de sexo em que existia os crimes tipicamentes femininos. Como se pode observar, a construção de uma identidade de mulher normal para Lombroso estava associada a posição que a mulher assume na família, como esposa e mãe, um ser de condição inferior ao homem em inteligência que se aproxima um pouco dos selvagens e que deveria se dedicar mais a religião do que a ciência.

Evidencia-se que o positivismo trouxe a reprodução da predicação moralista do século anterior, empregando métodos científicos de validação. Há, portanto, um evidente reforço ao estigmatismo da mulher em necessariamente ocupar o papel de esposa, mãe e dona de casa, cujo rompimento significava um traço definidor da criminalidade. Nesse pensamento, prelecionava-se que a mulher que não se encaixava no padrão retro mencionado, como sendo o correto para o gênero feminino, então necessariamente deveria ser considerada perigosa.

Aponta Leite (2017), que a mulher não tinha autorização para produzir ciência, atuando apenas como auxiliares, e sem nenhuma visibilidade ao lado de pesquisadores, propagando-se por muito tempo uma reafirmação do patriarcado em face de uma predicação de subordinação feminina, através de meios legais, instaurado dentro do direito penal.

1.2 DA EVOLUÇÃO MARCADA PELA DIVERSIDADE DE TEORIAS CIENTÍFICAS

Em prosseguimento a evolução científica da criminalidade feminina, Tiradentes (1978), em argumentações diferenciadas, aludiu que a reduzida criminalidade feminina se dava em relação a uma tendência de beneficiar mulheres para acabar por reprimir os efeitos de repressão, em combate a teoria da hereditariedade de Lombroso dispondo que "[...] a conversão da prostituta em delinquente ocorre por uma questão de oportunidades para conseguir os vestidos e jóias que reclamam sua vaidade, ou por recursos necessários para sua subsistência" (TIRADENTES, 1978). Nessa lógica, os danos causados na sociedade por crimes femininos seriam banais e comparação aos danos de crimes masculinos. O autor também aborda uma explanação explicativa acerca do aumento da criminalidade feminina, partindo de fatores internos e externos ao sujeito, trabalhando o conceito de mundo circundante, para se referir a uma série de forças externas que instantaneamente atuam perante a pessoa e sobre as quais esta influência por sua vez. Em análise ao pensamento de Lombroso e Tiradentes, Silva (2012, p. 50), preleciona que:

> O pensamento de Tiradentes continua com o argumento de Lombroso de que o homem é mais afeito a prática do crime do que a mulher. Em sendo assim, a mulher quando comete um ato criminoso deve ser considerado as condições biológicas,

> econômicas e sociais associado ao seu sexo. Uma visão que naturaliza a identidade do ser mulher que comete crime ao aspecto biológico e abre a possibilidade de um tratamento diferenciado do crime a partir do sexo. O trabalho de Tiradentes apresenta como preocupação central estabelecer um tratamento que considere a especialidade da criminalidade feminina que não pode ser explicada a partir dos parâmetros da criminalidade masculina seguindo a abordagem Lombrosiana dos crimes tipicamentes femininos e de uma concepção essencialista, determinista e naturalizada das identidades diferenciada pelo sexo em que a mulher aparece como vitima de um sistema, de sua condição biológica e gozando de uma incapacidade para praticar determinados delitos que implique o uso da força e da racionalidade.

César (1995), tratou de explicar que o aumento da criminalidade feminina se deu em razão de fatores que se inter-relacionam, citando o baixo grau de escolaridade, a má remuneração decorrente da realização de um trabalho socialmente desprestigiado, o difícil acesso a bens materiais e culturais, lidando assim de uma exclusão social. Nesse pensamento o crime decorreria da necessidade de assegurar os mantimentos pessoais e de sua família, motivo que as levaria ao cometimento de atos ilícitos.

Dispõe Baratta (1999, p. 28) que "as distorções andocêntricas da ciência e do direito, veem seu fundamento na própria estrutura conceitual dos dois sistemas, como demonstra a própria análise histórica". Assim, a propagação de discursos repressivos contra as mulheres, decorreram da própria construção da teoria científica e jurídica.

Partindo desses diagnósticos iniciais, Rita (2006), corroborou o entendimento anterior ao defender o pensamento de que o aumento de criminalidade feminina estaria ligado a uma exclusão econômica que levaria ao impulso de cometer delitos.

Analisando outros pontos de vista sem relação econômica, vale ressaltar a pesquisa de Almeida (2001), que aponta a visão histórica da socialização da mulher para realizar atribuições de ser mãe e esposa que acabam por conduzir a uma característica de mulher do lar, trazendo uma passividade em razão da sua fragilidade, a partir de uma educação construída ao longo do tempo, em contrapartida do homem que foi educado para ocupar postos de trabalho, fomentando sua competividade e atribuindo-lhe características de virilidade e violência.

Para Bastos (1997) e Fausto (2001) a relação de criminalidade feminina ao de inserir a mulher no mercado de trabalho, tendo esse entendimento sido contra arrazoado por Soares (2001) ao defender que a partir da inserção da mulher no mercado, não haveria proporcionalidade de criminalidade feminina de modo a estar equivocada a adequação.

É valido mencionar que a criminologia crítica passa a indagar a Lei penal legítima, que trouxe a revelação de que a produção legislativa tomava por base, políticas frequentes das sociedades capitalistas que não "alteraram suas prioridades básicas de propriedade privada e lucro, nem sua dinâmica social de reprodução das desigualdades e de marginalização" (SANTOS, 2008).

A partir dos anos de 1980, época influenciada pelo movimento feminista, a criminologia crítica se dirige a investigar o tratamento do sistema da justiça em face da mulher, trazendo uma fundamentação macrossociológica para fazer a associação voltada à vitimologia crítica, associando a relação entre gênero e patriarcado. (MENDES, 2014).

No entanto, a inserção feminista não teve receptividade na criminologia crítica, tendo em vista que entendiam não ser possível a concepção de uma ampliação da área de estudo para incluir uma matéria que abranja a violência privada e a violência de instituições públicas contra as mulheres e populações vulneráveis (HEIN; CARVALHO, 2011).

Some-se a isso, a pouca receptividade do sistema de justiça criminal das teorias críticas e feministas, bem como a ausência de diálogo entre a academia e os movimentos sociais, que se distanciam em duas esferas distintas de combate às desigualdades sociais. (ANDRADE, 2012). O Direito Penal constitui-se, nessa medida, "um mecanismo masculino de controle para o controle de condutas masculinas, em regra geral, praticadas pelos homens, e só residualmente feminino". (ANDRADE, 2005). Mecanismos estes que vão estender o controle dirigido às mulheres da esfera privada à esfera pública.

Por fim, vale apontar o entendimento de Soares e Ilgenfritz (2002), que apontam argumentos válidos a partir de uma visualização real acerca do tema. Aborda que os fatores de relevância para o aumento da criminalidade feminina se relacionariam a partir da incidência da mulher no crime de tráfico de drogas, a diminuição do nível de condescência da Justiça em face das mulheres criminosas. Relacionou o aumento da violência praticada contra as mulheres tanto em ambiente doméstico, quanto no ambiente institucional.

Silva (2012), trouxe uma nova defesa em razão do aumento das mulheres no mundo do crime, apontando a relação de construção do indivíduo, na qual ocorre uma demarcação em razão do gênero, que acaba por trabalhar o paradoxo da mulher enquanto vítima e agressora. Aduz a referida professora que a evolução da criminalidade feminina está relacionada a um processo diferenciado. Veja-se Silva (2012, p.15):

> [...] Um processo de mudança na subjetividade perpassado pela (des) construção do crime como uma prática associado a um gênero, o masculino, que tem tido como um dos efeitos a produção de identidades sociais de mulheres, que tem como marcadores sociais: gênero, sexo, crime, origem, padrões de normalidade, condição social, sexualidade, cor, etnia e idade.

A partir da análise dos cientistas acerca da criminologia feminina é notável a vitimização da mesma, podendo-se averiguar o campo da vitimologia. Nesse contexto, despontam justificativas para o cometimento de crimes, destacando os sexuais, contra as mulheres.

2

A VITIMIZAÇÃO CRIMINOLÓGICA FEMININA

Evidenciando o paradigma de gênero, se mostra evidente uma inserção social autônoma da mulher, corroborada pelo sistema jurídico normativo, que muito embora venha a contemplar a sistemática, acaba por trazer pressupostos masculinizados de uma sociedade nitidamente patriarcal. A partir dessa concepção, demonstra a influência da análise criminológica feminina, que embora tenha ganhado empoderamento com movimentos feministas, continua a ser subjugado em estudos práticos, partindo desde a aplicação da norma, até o cumprimento da pena no cárcere, sob o qual reflete os pensamentos nitidamente masculinos, numa lógica de que o gênero feminino não teria igualdade de periculosidade ao homem.

Dispõe Mendes (2014) que teorias vitimológicas de autores como Hans Von Henting e Benjamin Mendelsohn, que não obstante refutassem o discurso determinista de Lombroso, traziam a identificação de tipos de pessoas que através de sua conduta ou condição se colocavam em risco pelo crime, bem como, que a vítima que dá chance ao autor para cometer certos delitos, trazendo nesse momento a legitimação do pensamento que as mulheres sedutoras provocam seus agressores, ideia que permanece ainda no senso comum até hoje.

Pode-se observar de forma prática a influência dessas teorias na exposição de motivos do Código Penal Brasileiro de 1940, que aborda a justificativa da causa de diminuição de pena do artigo 59, se referindo ao comportamento vitimal: "[...] erigido, muitas vezes, em fator criminógeno, por constituir-se em provação ou estímulo à conduta criminosa, como, entre outras modalidades, o pouco recato da vítima nos crimes contra os costumes".

É notável a observação de que a mulher sempre foi tratada de forma secundária, tanto pela justiça criminal como pela criminologia, abordando de forma residual a criminalização da mulher que se evidencia desde a instituição das normas penais até a aplicação da pena, trazendo por consequência uma invisibilidade que traz abandono a essas mulheres.

Carvalho e Hein (2011, p. 166), abordam ser incompreensível criminologia que se auto afirme crítica, tenha desconsiderado por tanto tempo as abordagens feministas e tenha voltado os olhares de forma restrita, para responsabilizar os homens pela violência contra as mulheres, o que corrobora a permanência do "[...] olhar androcêntrico que demonstra complacência com os danos provocados às mulheres quando atoras ou vítimas de delitos. A criminologia tem-se recusada a ouvir as mulheres, e quando o faz, não apoia ou valoriza o projeto feminista".

Partindo dessa prática criminológica de secundarização das mulheres, e, de que no processo de conhecimento de teorias que não contribuem significativamente sobre a criminalidade feminina, Mendes (2014, p. 73), propõe a necessidade de estabelecer um paradigma epistemológico próprio das mulheres, que considerem suas "realidades históricas, sociais, econômicas e culturais, marcadas por diferenças decorrentes de sua condição", não como elemento incorporado e visto de forma residual.

A vitimização da criminalidade feminina encontra respaldo nas mais diversas pesquisas, inclusive de ordem internacional. Menciona-se Pollock, (1998); Siegel & Williams (2003) e McClellan et al. (1997), abordam que as mulheres criminosas tendenciam terem sofrido violência física ou sexual na infância, motivo pelo qual explicava a imatura inserção no crime, associado a dependência do álcool e de drogas.

Interessante à análise histórica, em que as mulheres possuem uma frequência maior de serem vítimas de homicídios de forma doméstica quando comparada aos homens (MORACCO et al, 2010 *apud* ALMEIDA, 2012) e, quando a situação é a inversa, ou seja, quando é a mulher que exerce violência ou mata o seu companheiro, é geralmente numa posição de autodefesa ou para terminar a violência que vivencia por parte do mesmo (MILLS, 2001; PAIS, 1998; RUSSELL, 2001; TAYLOR & JASINSKI, 2011; WILSON & DALY, 1992 *apud* ALMEIDA, 2012). Esta perspectiva da autodefesa está frontalmente relacionada com as pesquisas que ressaltam o homicídio de mulheres em face aos seus parceiros após sofrerem vários anos de violência e não creem em outra forma de liberdade.

Davim e Lima (2016, p.141), trazem dados importantes no diagnóstico da criminalidade feminina, quando informam que:

> As regiões periféricas das capitais brasileiras, principalmente áreas com baixo Índice de Desenvolvimento Humano – IDH configuram-se como pólos para o tráfico de drogas. Isso se dá por conta de todo um sistema social que concentra a criminalidade nas margens das cidades. Desse modo, as mulheres que vivem nessas localidades têm maiores possibilidades de se relacionarem com parceiros que estejam envolvidos com atividades delituosas (uma vez que o contingente de homens envolvidos com a criminalidade nessas áreas é superior, comparado às demais) o que pode ter grande influência na sua entrada no crime. Devido a uma má estruturação familiar, essas mulheres tendem a ter relações sérias (casamento e união estável) muito cedo, como que para suprir uma necessidade - seja material ou emocional - e muitas delas só descobrem o envolvimento do parceiro no crime depois do relacionamento ganhar seriedade. Dessa forma, muitas já estão envolvidas demais para assumir a relação como erro e sentem que o melhor a fazer é apoiar o marido, ocorrendo à entrada gradativa no mundo do crime.

> Outras acabam sendo presas ao fazer "favores" ao companheiro, como por exemplo, transportar drogas dentro do corpo, as chamadas "mulas". Essa prática é recorrente, pois devido às concepções machistas da nossa sociedade, a mulher é tida como frágil, logo, a transgressão das leis não é um comportamento esperado de uma mulher, o que facilita a passagem por barreiras policiais. Entretanto, existem aquelas que são enganadas: são denunciadas pelo próprio contratante para distrair a polícia e facilitar a passagem de um carregamento maior de drogas.

> Existem ainda aquelas que veem no sucesso do companheiro uma oportunidade de alcançar tudo que sempre almejaram e o dão forças para continuar ou mesmo passam a participar das atividades.

Desse modo, se mostra uma estigmatização em face da criminalidade feminina ao atribuir que quando o cônjuge comete ilícitos, acabaria por levar a mulher também a cometer essas práticas, pois a convivência diuturnamente com as referidas práticas acabaria por serem encarados de forma corriqueira e banal. Aduz ainda Davim e Lima (2016, p.141), que:

> O peso da banalidade do ilícito deforma as noções de certo e errado para essas pessoas. É importante frisar que existem aquelas que não tiveram a opção de se manterem alheias a essa situação. Por amor, seja ao companheiro ou à vida, muitas delas são coagidas a viver sob a desconfortável sombra da criminalidade. Finalmente, existem aquelas que cometeram atentados contra a vida, mas isso configura uma exceção. Essas mulheres, geralmente, apresentam um histórico de abusos e violência doméstica, que muitas vezes já vem desde a infância, ou seja, são mulheres que não se encontram de seus companheiros ou provedores, que geralmente são as pessoas das quais elas foram vítimas.

Verifica-se que se atribui a mulher uma ausência de periculosidade, e que esta seria modificada a partir do sofrimento vivenciado ao longo da vida, pelas circunstâncias que acabariam por modificar sua benevolência. Nesse contexto, os pesquisadores não atribuem nenhum empoderamento feminino, de modo a trabalhar a mulher num contexto sempre inferiorizado e subjulgado.

2.1 DO ETIQUETAMENTO VITIMOLÓGICO

A partir da tipificação na edição de leis, definindo as condutas puníveis, num processo de criminalização primária, em que escolhe quem será etiquetado, através das forças policiais e do aparato judiciário, em que incide a criminalização secundária e leva a partir disso a estigmatização aqueles que passaram pelo sistema, enfrentando nesse momento a criminalização terciária, carregando a distinção da localização da mulher na sociedade com um recorte de gênero.

Assim, nessa criminologia crítica se compreende que os

processos de criminalização e vitimização possuem orientação estereotipada e preconceituosa, que é presente no senso comum e nos operadores da justiça (ANDRADE, 2012).

Analisando de forma crítica, a criminologia passa a se opor a justificativas de ordem biológica em face da criminalidade feminina, trazendo o paradigma do gênero associado a outras questões sociais como classe social e baixo poder econômico. Em uma análise social, fica perceptível que "toda mecânica do controle (enraizada nas estruturas sociais) é constitutiva, reprodutora das profundas assimetrias de que se engendram e se alimentam, afinal, os estereótipos, os preconceitos e as discriminações, sacralizando hierarquias" (ANDRADE, 2012).

É válido mencionar que diante da criminalização feminina não se percebe apenas um controle social formal feito pela justiça nos processos de criminalização, como referido em item anterior, mas também um controle social informal, através do ambiente familiar, da religiosidade, do convívio escolar, entre outros, sendo em extrema evidência quando se compara esse tipo de controle com o gênero masculino. Neste aspecto, Baratta (1999, p. 46), escreve que:

> O sistema de controle dirigido exclusivamente à mulher (no seu papel de gênero) é o informal, aquele que se realiza na família. Esse mesmo sistema vem exercitado através do domínio patriarcal na esfera privada e vê a sua última garantia na violência física contra as mulheres.

Partindo dessa abordagem é possível visualizar o controle social informal na mulher em razão dos laços paternos, em que repassa uma hierarquia em face da sua mãe, e até na infância quando se é atribuídos brinquedos diferenciados, no qual estigmatiza que as mulheres devem brincar com brinquedos relacionados ao ambiente doméstico em brincadeiras "femininas" enraizando um discurso inferiorizado.

Interessante a análise de reflexo estrutural acerca da penalização feminina, quando se observa que o próprio sistema trata em péssimas condições as mulheres, ignorando condições de gravidez, de higiene pessoal que faz parte de direitos e garantias fundamentais e que acaba por trazer uma violência institucional.

Assim, pode-se concluir que "o sistema penal funciona de forma integrada ao controle informal feminino, o que reforça o controle patriarcal sobre a mulher, criminalizando-a em algumas situações e reconduzindo-a ao 'seu' lugar de vítima". (ANDRADE, 2012), trazendo dessa forma um simbolismo de gênero e fomentando o patriarcalismo.

Andrade (2012), aborda que a mulher que já fora vítima da violência, acaba por também a ser vítima do sistema, ou seja, da violência institucional, que expressa e reproduz as relações sociais capitalistas e a violência das relações patriarcais.

A criminologia ao atribuir espécies criminais ao gênero, trazendo um etiquetamento sobre crimes próprios de mulheres e crimes próprios de homens.

De fato, por questões de ordem biológica, encontra sentido o aborto e o infanticídio como um crime próprio feminino, muito embora, se possa haver coautoria com o outro gênero nesse crime, salientando que nesse momento a legislação traz um acolhimento privilegiado no sistema penal quando criminalizados, "exculpando-as de modo que a criminalização é simbólica, para reforçar os papéis de gênero, porque lugar de mãe e esposa é em casa". (BARATTA,1999). Ou seja, os delitos próprios da mulher encontram um tratamento privilegiado no direito penal, tendendo à imunidade e a um maior beneplácito às autoras desses delitos no sistema penal, pois permanecem no seu papel feminino.

Baratta (1999), aduz que os magistrados nesses casos tratam mulheres com benevolência, em que haveria uma preocupação do judiciário reforçando a ideia de que a prisão foge ao papel social destinado a mulher, adotando uma postura paternalista.

No entanto, o inverso ocorre quando as mulheres praticam crimes "masculinos", que em nada se justifica em razão do gênero, pois as mulheres possuem as mesmas aptidões no enquadramento do tipo penal, encontrando a diferenciação apenas no etiquetamento estigmatizado. Nesses crimes, tem-se uma maior intolerância, por desviar do papel social que lhe foi atribuído. Quando a mulher exercita um papel socialmente estabelecido como masculino ou quando suas "infrações se realizam num contexto de vida diferente daquele imposto pelos papéis femininos, v. g., não vivem em uma família tradicional ou a abandonaram, ou, ainda, se comportam como homens" (BARATTA, 1999).

Nesse contexto, ocorre uma dupla condenação da mulher, pois além da infringência da lei, também será pelo desvio do gênero, de modo que no contexto de crimes tidos como masculinos ela terá um endurecimento na penalização, enquanto que ao praticar um crime tido como feminino terá benevolência. Baratta (1999, p. 54), assim expressa:

> [...] as mulheres enquanto intérpretes de papéis femininos, não vêm sendo consideradas na sua qualidade de autoras de crime, mas sim, na de vítimas das formas de violência masculina não previstas pelas normas penais, ou previstas, não sob a forma de ofensas à incolumidade física e à sua autonomia, mas como ofensa a outros valores "objetivos", ou ainda como crimes em larga escala, justificados tanto pelo sistema da justiça penal como pelo sendo comum.

Portanto, evidencia-se que há um determinismo social estigmatizado e etiquetado que merece estudo aprofundado pela criminologia, pois não se pode afirmar que todas as mulheres são vitimizadas, precisando individualizar a conduta e confrontar com as motivações de forma imparcial para assim chegar a uma conclusão sensata acerca da criminalidade feminina.

É necessário que haja uma nova visão acerca da criminalidade feminina que não necessariamente ocupará o mesmo perfil em todas as situações, de modo que deve haver uma individualização da conduta para então conseguir visualizar o perfil adequado criminológico, dando o tratamento necessário que a lei exige, porém, de forma equânime e justa, sem privilégios ou qualquer parcialidade, tendo em vista, que um crime, é sempre algo que desabona a conduta social.

2.2 DA AVALIAÇÃO DO DISCURSO VITIMOLÓGICO COM DADOS DO PRESÍDIO REGIONAL FEMININO DE CAMPINA GRANDE-PB

No presente tópico, será ilustrado o discurso vitimizado a partir da coleta de dados realizada pelo Programa de Direitos Humanos-PRODIH da Universidade Federal de Campina Grande- UFCG, através dos projetos de extensão "Educação em Gênero para uma cidadania participativa das mulheres no Cárcere" e "Observatório de Direitos Humanos", os dois com vinculação ao PRODIH e atuação direta no Presídio Regional Feminino de Campina Grande, popularmente conhecido como Presídio do Serrotão, pela sua localização.

O referido programa fomenta a iniciação a pesquisas acerca da violação dos direitos humanos à educação e as possibilidades de inclusão de pessoas ou grupo em situação de aprisionamento feminino no Estado da Paraíba, introduzindo o aluno graduando em novas metodologias de pesquisa, exercício da leitura e iniciação cientifica a partir dos temas trabalhado em cada projeto.

O PRODIH no ano de 2011 e 2012, desenvolveu quatro novos projetos, em diferentes áreas de atuação, visando a garantia dos Direitos Humanos; dentre eles, criou o projeto: "Educação em Gênero para uma Cidadania participativa das mulheres no cárcere"; no qual, a partir de uma perspectiva transdisciplinar, multi institucional e itinerante, tendo por eixo de atuação a promoção, defesa e fiscalização dos direitos humanos de pessoas ou grupo em situação de risco social e pessoal na Paraíba-Brasil.

Até meados de 2012, foram desenvolvidas seis Oficinas pedagógicas, que versaram sobre temas previamente estabelecidos e organizados pelos membros do projeto mencionado. Dentre eles estão: "o resgate da identidade feminina das apenadas", "Conscientização sobre os direitos e deveres da mulher presa", "Visualização dos problemas estruturais, abusos de poder pela administração do presídio e violações a Lei n° 7.210/84 – Lei de execução penal; Apresentação da "história de vida das apenadas", visualizando o perfil criminoso das mesmas; apresentação sobre "o direito constitucional à saúde, e as principais doenças obtidas no cárcere", apresentando as formas de prevenção; e a apresentação das formas de "Violência contra a mulher", a partir da Lei n° 11.340/06 – Lei Maria da Penha, mostrando a legislação que as protege, bem como, colhendo o histórico de violência ocorrido na vida das apenadas.

Se baseando na experiência obtida em cada Oficina, retratou-se o meio promíscuo em que vivem essas mulheres, bem como a urgência de implantação de medidas de reestruturação do sistema carcerário brasileiro, já que este não está desempenando o papel de ressocializador da pena aplicada.

Entre as produções científicas realizadas pelo PRODIH, destaca-se a confecção de documentário: "Histórias de vida de mulheres no Cárcere", diários documentados; material fotográfico; e confecção de trabalhos científicos publicados, com destaque para os seguintes trabalhos: "A Violação dos Direitos Humanos no Presídio regional Feminino de Campina Grande e a construção da identidade da mulher encarcerada" e "A vida de Mulheres encarceradas no PRFCG: um (re)trato a partir do olhar dos extensionistas".

Nessas pesquisas foram evidenciados que a maioria das apenadas que autorizaram a pesquisa apresenta um discurso de vitimização, bem como, se constatou o sistema carcerário extremamente despreparado para a integridade física das apenadas que sofriam mais uma penalidade por estarem presas com o mínimo de salubridade no presídio.

Inicialmente é válido mencionar a retratação de suas histórias de vidas, que estão documentadas no acervo do PRODIH, e que se passa a transcrever para realizar a análise. Diário nº 02 (2012, p.01):

> Aqui tudo é dificíl para todas, tudo é dificuldade, não podemos nada. A comida vem com cabêlo, mosca, pedaço de ferro, vidro. Quando pedimos para ir ao médico e sabemos que temos direito eles não levam, nunca botam dificuldades, diz que o carro ta sem combustível. Nossa medicação que nossa família traz não entregam nas nossas mãos temos que nos humilhar.

> A gente ter visita dos nossos maridos que se encontram prezos pois dizem que não tem escota, não podemos receber visita de parentes comu tio primo e sem fala que aqui dentro do presídio agente não faz nada alem de só dormir agente não ocupa o nosso tempo em nada agente não tem direito a faze crochê nem bordade nem ajeita os nossos próprio cabelo que a tireção não deixa falar que a presa e uma pobri de espírito agente so ocupa o tempo em dormi e o nosso banho de sal era no paito agora e na larvanderia não tem espasosuficiemte não tens água temos que está se umilhando para a direção coloca a mangueira para enche as garrafas para nós toma um banho e pode beber. Eu tenho quatro filhos estou sofrendo muito aqui neste lugar eu estou com pobrema de saúde no peito foi atravez doma pancada meu petio sangra e eu estou para fazer uma sirúrgia eu queria saber o que elas podem fazer por mim fica com deus que eu estou com ele.

> Nós sofremos muito não temos direito a quase nada, médico quando pedimos eles colocam dificuldade falam que não tem

combustível. Quem tem marido prezo,irmãos ou seja familia, não podemos ter visitas deles ou visitar, porquê dizem que não tem escolta.Parente amigos que estão do nosso lado pois são poucos que estão mais podemos receber visitas deles, só podemos mãe, pai e irmãs e nós sabemos que temos direito,, marido temos visita quando não são presos , mais sabemos que tem muitas mulheres que sofrem por não vê-los.

Nós que nos encontramos aqui nos sentimos como um nada, não temos direito a nada, somos tratadas como animais. A comida daqui é horrível, não e questão de reclamar pois tem pessoas que não tem o que comer na rua, mais a daqui parecem comida pra animais, já foram encontradas pedaço de madeira , ferro, cabêlo, etc, e ela mandam tirarmos e comer. Não podemos pintar os cabêlos, fazer as unhas, pintar, cortar as unhas porquê nem cortadas entra só com isssoda para perceberem que não podêmosmada. Medicamente que nossa própia família traz eles dificultam para entregarem porquê não custava nada fica com a gente. Bom isso são algumas coisas que tenho a relatar, aliás só algumas. Sou sentenciada, tenho 4 filho, estou sofrente muito neste lugar, a gente já sofre e ainda mais com tudo isso que passamos aumenta o nosso sofrimento.

O discurso apresentado retrata a realidade do cárcere feminino no Brasil em que constatadamente não pensou um sistema penal diferenciado para as necessidades do Gênero e acaba por trazer estigma social. O discurso da apenada é comprovado pela pesquisa das extensionistas Santos *et al* (2013), que considerando as quatro visitas realizadas ao estabelecimento prisional, verificou-se que não há nenhum uniforme disponibilizado pelo presídio, como também nenhum tipo de assistência ao vestuário das apenadas; estas se mantêm por doações de familiares e estranhos.

As pesquisadoras relatam no trabalho que vinte e uma apenadas da amostra, são supridas por seus familiares e o restante é igualmente distribuído entre funcionários, e outras apenadas, na qual nesse momento evidenciou que ocorre a ausência de mantimentos a determinadas apenadas como forma punição por insubordinação, denotando o tratamento diferenciado entre as apenadas, condicionando as que são menos favorecidas a se alimentarem exclusivamente do que é ofertado pelo poder público.

Constataram-se muitas reclamações acerca da alimentação, já que as detentas questionam a diferenciação do tratamento entre as funcionárias da cozinha, diante das demais. Como também o fato da insalubridade da comida, que é servida sem tempero algum dentro de suas próprias celas, sem um adequado estabelecimento de refeitório, assim como, sem condições higiênicas.

As pesquisadoras buscaram averiguar se era prestada devida assistência social, amparando a presa ou ofertando alguma espécie de estímulo para suportar a vida no cárcere, como por exemplo: uma recreação. Vinte e nove apenadas responderam que não é ofertada essa assistência de nenhuma forma, o que acaba por dificultar o comportamento, convivência e inclusive a saúde psicológica, pois se passa muito tempo ocioso e infeliz.

Verificou-se também a falta de um local propício para a visita íntima às apenadas; as mesmas não possuem o direito de ter encontros privados com seus parceiros, acarretando grande indignação das mesmas, já que pela degradação que as assolam, merecem ao menos um momento de atenção e carinho. Este direito está disposto no inciso X, do artigo 41, da Lei de Execuções Penais: constituem direitos do preso a visita do cônjuge, da companheira, de parentes e amigos em dias determinados.

No entanto, verificou-se extremamente escasso o atendimento médico-hospitalar no presídio feminino, já que não possui nenhuma unidade hospitalar no mesmo, havendo o deslocamento de acordo com a necessidade e urgência, para o presídio masculino que possui instalações médicas, verificando-se um verdadeiro descaso com um bem jurídico tão importante do ser humano, qual seja, a saúde.

Na oportunidade de questionamento às apenadas, foi-lhes perguntado a forma de oferecimento de assistência à saúde, na qual se verificou que dificilmente esta era prestada de forma preventiva, pois, só se verificava a partir das necessidades aparentes de doença, no qual, diante do agravamento, que dava início ao processo de deslocamento para o presídio masculino para atendimento médico.

Registra-se também Imagens publicadas pelas extensionistas, Santos *et al* (2013, p. 05), quando relatam:

> [...] na Terceira Oficina realizada em 2011, estabeleceu-se a integração dos extensionistas do projeto com as apenadas de forma a incentivar estas a relatar sobre o sistema sob o qual estavam submetidas, resultados estes obtidos a partir das apresentações que ocorreram em grupos, sendo os mesmos orientados pela equipe do projeto. Dentre as irregularidades, deu-se ênfase aos problemas

estruturais ali presentes, conforme demonstra a colheita de fotos e filmagens do local:

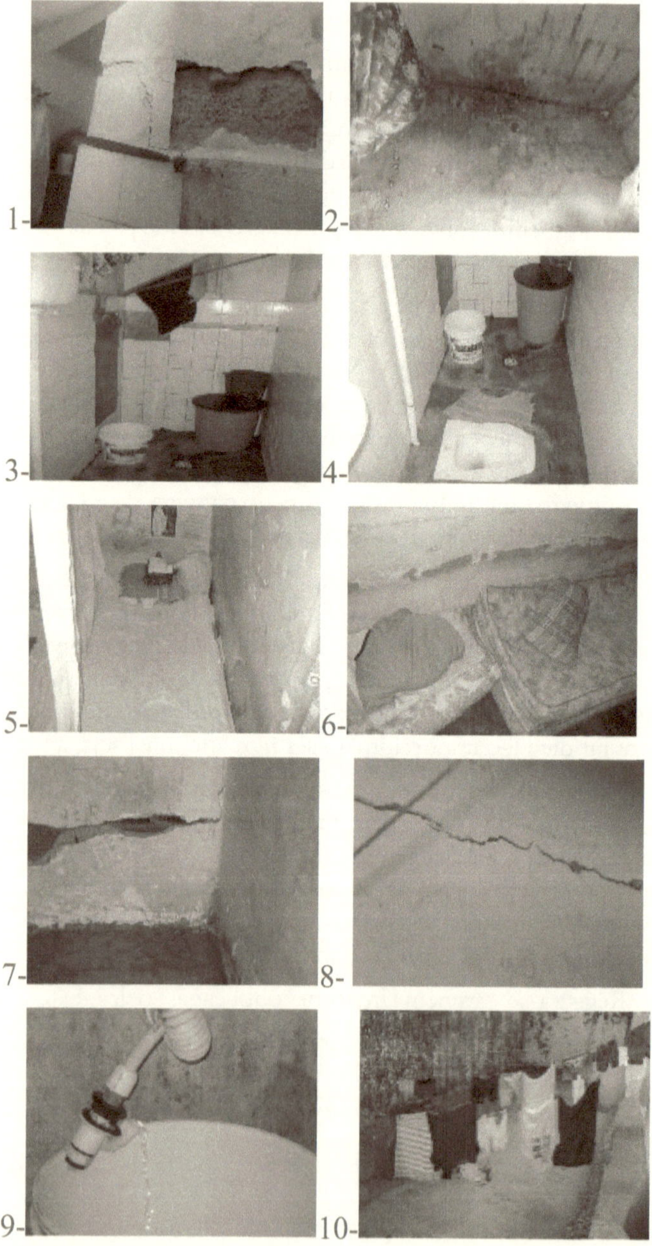

As fotos 1, 2, 7 e 8 demonstram o comprometimento da estrutura física do estabelecimento prisional, contendo rachaduras e oferecendo risco à integridade física das apenadas; as ilustrações 3 e 4 mostram a péssima condição dos banheiros dentro das celas, visualizando a impossibilidade de higiene no ambiente. Os colchões (fotos 5 e 6), utilizados para repouso das detentas, encontram-se em péssimas condições, havendo a superlotação das celas como outro fator complicador. Na ilustração 9 é notável o abastecimento inadequado de água nas celas, visto que as mesmas não possuem tratamento específico, sendo de igual uso tanto a água de beber como a dos afazeres domésticos. Na última ilustração de número 10, visualiza-se o comprometimento do espaço destinado ao banho de sol das detentas, pois também é utilizado como lavanderia, comprometendo o único espaço de lazer que as mesmas possuem.

São precárias as condições estruturais verificadas na pesquisa, dado que ajuda ao contexto penalizador da mulher em que até pelo sistema jurídico tem violações dignas de sobrevivência, trazendo uma marca irrecuperável em suas vidas, cujas cicatrizes tende se perpetuarem no tempo.

Nas histórias de vida se repetem vitimizações acerca de problemas financeiros, drogas e maridos. Veja-se mais um exemplo. Diário 01 (2012, p.01):

[...] eu tenho 19 anos fui nascida em Campina Grande. eu tenho mais trêis irmã(o) eu sou de uma familiasimpres é muito umilde e que aperza de tudo a minha familia nunca mim abandonou sempre mim ajudou em tudo que eu precisaçé. A minha vida sempré foi muito compricada no meu primeiro casamento eu sofri muito no meu segundo eu já tive mais um pouco de "sorte" depois de um ano fui mora com meu marido de agora eu fiquei grávida de meu filho é logo meu marido que se chama João Paulo foi prêso eu já estava com quatro meses de Paulo Ricardo é isso tudo foi muito dificil pra mim eu era mãe perá a primeira vez é o meu marido nunca tinha ido prêso isso foi tudo novo pra mim mas ai o tempo foi passando e eu comecei a fazer coisa errada é eu tambem nunca abandonei meu marido na cadeia é ele não queria que eu fizeçe coisa errada ele sempre dizeno que eu não fizésse isso. que isso não tinha futuro que ele já estava passando já era o bastante é minha mãe é meu pai mim dano sempre concelho pra mim para com isso... Mas eu estava preçisando que eu não tinha emprego é eu tinha as coisa do meu filho pra compra que ele estava pra naicer...[...].

É nítido a vitimização das palavras, em que a apenada se

sente mais vítima do que criminosa, quando aponta em seu diário toda sua história de vida se justificando acerca de condutas masculinas.

No entanto, é importante registrar que embora a maioria apresente o discurso de vitimização, não se pode generalizar. Uma das apenadas relatou que sempre teve boas condições financeiras, de modo a se distanciar do padrão pré-estabelecido. Diário nº 05 (2012, p. 01):

> Sempre tive tudo o que eu quis, sou filha única meu pai é aposentado do Banco do Brasil e minha mãe é professora sempre tivemos uma vida boa estudei em escolas boas resumindo tive uma vida de princesa [..]me lembro do condomínio se chamava "Condominio Residencial Araguai" lá era muito bom tinha pisina e uma play graundy e uma pracinha, então meu pai combinou com minha mãe, e ele comprou outro apartamento, me lembro direitinho mudei de escola e cresci neste condomínio lá tive vários amigos que creserão comigo, fizerão parte da minha infância e da minha adolesencia, quando eu fui ficando mais velha comecei a freqüentar boates mesmo sendo de menos me lembro como se fosse hoje ia eu e outra amigas minhas, então comessei a beber escondido dos meus pais, muitas vezes eu dizia que ia dormir na casa de algumas amigas minha e de lá nós saiamos escondido pra se encontrar com os meninos[..].

Observa-se uma quebra de padrão vitimizado, e aí se questiona: Quais os motivos então para a entrada dessa mulher no mundo criminoso? Verifica-se que a sociedade estigmatiza no passo que pressupõe a bondade feminina, quando a mulher pode pelos mesmos motivos do homem praticar delitos.

3

A CRIMINALIDADE FEMININA A PARTIR DE DADOS GOVERNAMENTAIS

A crescente criminalização feminina começa a despertar preocupações governamentais, embora de forma tardia passou-se a tabular os dados de criminalidade feminina na tentativa de traçar as políticas públicas para combate.

As análises de vitimização e sub julgamento podem ser observados através de dados, tendo em vista que notáveis ao longo da análise de estatística estar-se diante de uma tímida prospecção em face da criminalidade feminina.

Necessário relembrar que os dados apresentados se tratam de pesquisa feita pelo próprio governo, em que se mede apenas a criminalidade que chega ao cumprimento de alguma pena privativa de liberdade, não alcançando os julgamentos absolvidos, nem as cifras negras, de modo que se acredita que os dados seriam mais significativos se esses dois parâmetros fossem considerados.

Na pesquisa mais recente de base governamental foi realizada pelo Levantamento Nacional de informações penitenciárias-INFOPEN– mulheres, que teve publicação da segunda edição em 2018. A referida pesquisa traz uma compilação de dados estatísticos do sistema penitenciário brasileiro, no qual utiliza dados preenchidos pelos gestores prisionais de todo o país, através do preenchimento de um formulário em que os resultados são utilizados para traçar estratégias de gestão.

Na referida pesquisa aponta uma população carcerária de 42.355 (quarenta e duas mil, trezentos e cinquenta e cinco mulheres), referentes a dados coletados em 30 de junho de 2016, em 1.418 unidades prisionais.

Tabela 1 Levantamento de informações nacionais de aprisionamento feminino.

Brasil – Junho de 2016	
População prisional feminina	42.355
Sistema Penitenciário	41.087
Secretarias de Segurança/ Carceragens de delegacias	1.268
Vagas para mulheres	27.029
Déficit de vagas para mulheres	15.326
Taxa de ocupação	156,7%
Taxa de aprisionamento	40,6

Fonte: Levantamento de Informações Penitenciárias – INFOPEN, Junho/2016. IBGE, 2016.

(INFOPEN-mulheres, 2018, p. 10)

Nessa pesquisa se aponta que há uma deficiência de 15.326 vagas para as mulheres, tendo em vista a correlação entre os dados de vagas versus a taxa de ocupação.

Os dados apresentam ainda o diagnóstico de uma taxa de 40,6 mulheres presas no Brasil para cada grupo de 100 mil mulheres, considerando os dados populacionais globais.

Informa ainda um panorama geral de aprisionamento impreciso, na qual passa a transcrever os dados:

Ao analisarmos os dados gerais do Levantamento de Informações Penitenciárias referentes a Junho de 2016, podemos afirmar que existem 726.712 pessoas privadas de liberdade no Brasil, distribuídas entre aquelas que se encontravam custodiadas em carceragens de delegacias (um total de 36.765 pessoas) e aquelas que se encontravam em estabelecimentos do sistema prisional (689.947 pessoas, no total). Como já explicitado na apresentação deste relatório, as informações disponibilizadas pelos estados da federação acerca das pessoas custodiadas em carceragens de delegacias não apresentam, em grande parte dos casos, recorte de gênero, o que nos impede de aferir o número de homens e mulheres presentes nestes espaços e, assim, os números apresentados neste relatório acerca desta população encontram-se, necessariamente, subnotificados. Quanto às informações relativas às unidades do sistema prisional, coletadas através do Levantamento do INFOPEN, podemos afirmar que existem 41.087 mulheres privadas de liberdade nos estabelecimentos penais que compõem o sistema prisional estadual. (INFOPEN – mulheres, 2018, p.11).

A informação de que os dados anteriores não apresentam recorte de gênero nas prisões preventivas em delegacias, leva a corroboração de subjulgamento da criminalidade feminina e de uma ausência de preocupação com a violência praticada pelas mulheres em que o poder público sequer acreditava na necessidade de tabular tais dados.

Esse processo de invisibilidade da criminalização feminina "força a adequação das mulheres aos modelos tipicamente masculinos, de modo que o problema carcerário tem sido enfocado pelos homens e para os homens privados de liberdade". (ANTONY, 1998), gerando maior ocultação sobre a criminalização da mulher e do encarceramento feminino. Logo, o sistema penal duplica a situação de violência contra as mulheres encarceradas, seja pela invisibilidade com que as (não) trata, seja por meio da violência institucional que reproduz a violência estrutural das relações sociais patriarcais e de opressão sexista.

Tabela 2 Sintetização das lacunas observadas nas informações prestadas pelos estados acerca das pessoas privadas de liberdade.

UF	Pessoas privadas de liberdade em carceragens nas delegacias			Pessoas privadas de liberdade no sistema prisional			Total de pessoas privadas de liberdade		
	Homens	Mulheres	Total	Homens	Mulheres	Total	Homens	Mulheres	Total
AC	NI	NI	NI	5.076	288	5.364	5.076	288	5.364
AL	408	10	418	6.153	386	6.539	6.561	396	6.957
AM [1]	NI	NI	1.113	8.448	1.829	10.277	8.448	1.829	11.390
AP	0	0	0	2.573	107	2.680	2.573	107	2.680
BA	2.634	112	2.746	12.056	492	12.548	14.690	604	15.294
CE [2]	NI	NI	11.865	21.465	1.236	22.701	21.465	1.236	34.566
DF	157	2	159	14.354	681	15.035	14.511	683	15.194
ES	NI	NI	NI	18.315	1.098	19.413	18.315	1.098	19.413
GO	611	34	645	15.464	808	16.272	16.075	842	16.917
MA [2]	NI	NI	1.158	7.358	319	7.677	7.358	319	8.835
MG	NI	NI	4.329	60.746	3.279	64.025	60.746	3.279	68.354
MS	562	47	609	16.614	1.465	18.079	17.176	1.512	18.688
MT	0	0	0	9.635	727	10.362	9.635	727	10.362
PA	401	0	401	13.071	740	13.811	13.472	740	14.212
PB	4	0	4	10.758	615	11.373	10.762	615	11.377
PE	NI	NI	NI	32.884	1.672	34.556	32.884	1.672	34.556
PI	NI	NI	NI	3.790	242	4.032	3.790	242	4.032
PR	9.230	596	9.826	39.219	2.655	41.874	48.449	3.251	51.700
RJ	4	0	4	47.961	2.254	50.215	47.965	2.254	50.219
RN [2]	NI	NI	113	7.920	776	8.696	7.920	776	8.809
RO	NI	NI	NI	10.111	721	10.832	10.111	721	10.832
RR	7	4	11	2.164	164	2.328	2.171	168	2.339
RS	57	2	59	31.844	1.965	33.809	31.901	1.967	33.868
SC [1]	0	0	0	19.966	1.506	21.472	19.966	1.506	21.472
SE [2]	NI	NI	297	4.793	226	5.019	4.793	226	5.316
SP	2.547	461	3.008	222.410	14.643	237.053	224.957	15.104	240.061
TO	NI	NI	NI	3.275	193	3.468	3.275	193	3.468
União	-	-	-	437	0	437	437	0	437
Total	16.622	1.268	36.765	648.860	41.087	689.947	665.482	42.355	726.712

Fonte: Levantamento de Informações Penitenciárias - INFOPEN, Junho/2016. Senasp, 2015. Fórum Brasileiro de Segurança Pública, 2015.

(1) Informação sobre pessoas custodiadas em carceragens de delegacias enviada por ofício ao Departamento Penitenciário Nacional.

(2) Informação sobre pessoas custodiadas em carceragens de delegacias: Secretarias Estaduais de Segurança Pública e/ou Defesa Social. Publicado no Anuário Brasileiro de Segurança Pública, Fórum Brasileiro de Segurança Pública. Referência: dez./2015.

(INFOPEN-mulheres, 2018, p. 12)

Analisando os dados com o recorte por estados da federação, se pôde observar que Acre, Espírito Santo, Pernambuco, Piauí, Rondônia e Tocantins não informaram o total de pessoas custodiadas em carceragens de delegacias em Junho de 2016. Ressalta-se que nos estados do Amazonas, Ceará, Maranhão, Minas Gerais, Rio Grande do Norte e Sergipe, a informação disponível sobre o total de pessoas custodiadas em carceragens de delegacias não apresentava o recorte de gênero, considerado pelo levantamento do INFOPEN em todas as suas categorias.

Esses dados acabam por reforçar o desinteresse governamental em dados de criminalidade feminina, o que corroboraria a teoria defendida por Di Gennaro (1975 *apud*, SILVA, 2013, p.35), quando citou como um fator a discriminação por parte da opinião pública e da polícia como um fator de subrepresentação da mulher em dados estatísticos, em que aponta que as mulheres receberiam uma abordagem diferenciada, não igualitária por parte daqueles, que atribuiriam uma maior tolerância em detrimento dos homens.

Interessante apontar os dados internacionais acerca da criminalidade feminina em que informa a quarta posição do Brasil como País que mais encarcera mulheres no mundo. Veja-se:

Tabela 3 Informações prisionais dos doze países com maior população prisional feminina do mundo

País	População prisional feminina	Taxa de aprisionamento de mulheres (100 mil/hab)
Estados Unidos	211.870	65,7
China	107.131	7,6
Rússia	48.478	33,5
Brasil	42.355	40,6
Tailândia	41.119	60,7
Índia	17.834	1,4
Filipinas	12.658	12,4
Vietnã	11.644	12,3
Indonésia	11.465	4,4
México	10.832	8,8
Mianmar	9.807	17,9
Turquia	9.708	12,1

Fonte: Elaboração própria, com dados do World Prison Brief e do World Female Imprisonment List, 4ª Edição, Institute for Criminal Policy Research [14].
(INFOPEN-mulheres, 2018, p.13)

A referida tabela aponta as principais informações acerca do sistema prisional dos doze países que mais encarceram mulheres no mundo. O Brasil alcança o 4º lugar, tomando por base a relação ao tamanho absoluto de população feminina, perdendo apenas para os Estados Unidos, China e Rússia.

No entanto, aponta a referida estatística que o Brasil ocupa a terceira posição quando se relaciona a taxa de aprisionamento, que informa o número de mulheres presas para cada grupo de cem mil mulheres, perdendo apenas para os Estados Unidos e da Tailândia.

De forma inicial, cabe a reflexão acerca da necessidade governamental brasileira de adoção de políticas públicas voltadas à mulher encarcerada, tendo em vista a referida ocupação de encarceramento, o que demonstra a necessidade de intervenção. Veja-se que ocupar o quarto lugar em população total feminina carcerária no mundo é um dado alarmante, de modo a se repensar o papel feminino na sociedade brasileira.

Outro importante dado da pesquisa em análise se mostra em face da evolução da taxa de aprisionamento nos cinco países que mais encarceram mulheres no mundo, em que se verifica que num lapso temporal de 16 anos, no período de 2000 e 2016. A taxa de aprisionamento de mulheres aumentou em quatrocentos e cinquenta e cinco por cento no Brasil. No mesmo período, a Rússia diminuiu em dois por cento o encarceramento deste grupo populacional (INFOPEN – mulheres, 2018). A respeito desses dados, pode-se observar:

Gráfico 1. Variação da taxa de aprisionamento entre 2000 e 2016 nos 5 países com maior população prisional feminina do mundo.

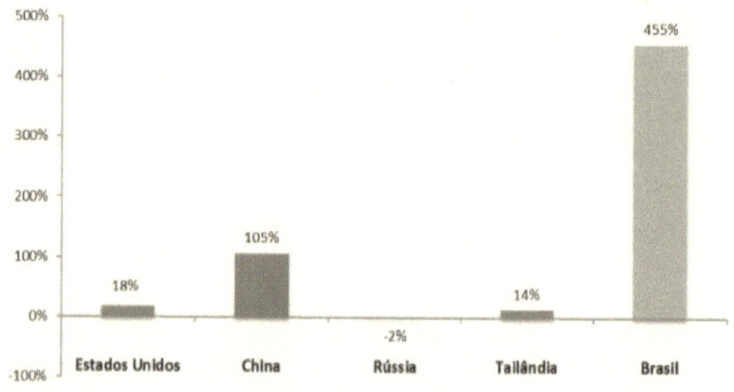

(INFOPEN- mulheres, 2018, p. 14)

Avaliando a População prisional feminina no Brasil, os dados governamentais já são assombrosos.

Conforme o INFOPEN-Mulheres (2018), no período de Junho de 2016, a população prisional feminina conseguiu o patamar de quarenta e duas mil mulheres privadas de liberdade, o que traz a elevação de 656% em relação ao total registrado no início dos anos 2000, quando menos de seis mil mulheres se encontravam no sistema prisional, observando ainda os referidos dados que no mesmo período, a população prisional masculina cresceu duzentos e noventa e três por cento, passando de 169 mil homens encarcerados em 2000 para 665 mil homens em 2016.

Gráfico 2 Evolução das mulheres privadas de liberdade (em mil) entre 2000 e 2016

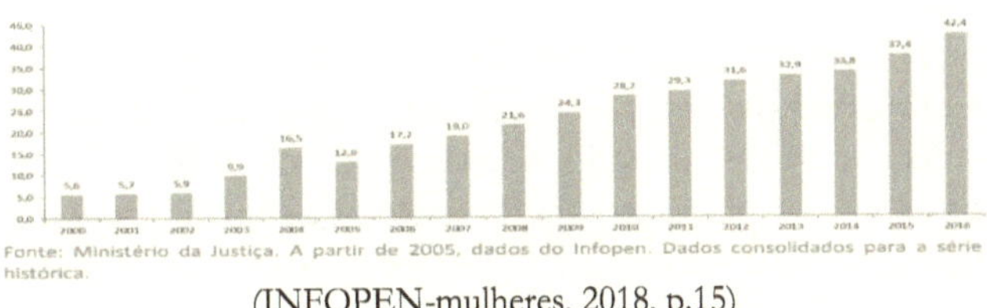

(INFOPEN-mulheres, 2018, p.15)

Analisando esse brusco aumento de dados criminológicos femininos, que chegam a apontar um aumento maior em face do aumento masculino, passa-se a reflexão acercados motivos que seriam ensejadores desses números.

Do ponto de vista sociológico, pode-se relembrar que as mulheres diuturnamente vêm construindo seus espaços no ramo profissional e inserindo do mercado de trabalho, o levaria portanto, a um aumento gradual de necessidades patrimoniais em que se fundamentariam a ação delituosa, como por exemplo, na iminência de chefe de família, procurar propiciar uma manutenção mais adequada a família, o que acabaria a cometer crimes para oportunizar essa manutenção. Nessa questão, observa-se que a mulher passa a ocupar um papel mais empoderado, que como consequência também leva a uma evolução de suas infrações delituosas.

De outra banda, pode-se atribuir o aumento das cifras negras, que pela descredibilidade feminina, teria encoberto o crime feminino e com a informação crescente de empoderamento feminino houve uma maior averiguação nas investigações, para de fato enquadrar a mulher como criminosa e necessária o retiro do convívio social para o cárcere.

A presente pesquisa parte do pressuposto de que todos esses fatores se inter-relacionam para interpretação desses dados. Desse modo, aparentemente, não se pode pegar inclusive na abordagem biológica de Lombroso que não traga nenhuma contribuição, pois, é possível que o fato biológico de ser mãe poderia acarretar um papel social que acabaria por influenciar o não cometimento do delito, bem como pelo fato de o estigma de papel social vir sendo modificado ao longo dos anos, também contribua para esse aumento.

No entanto, atribui-se nesse momento em que se avalia o lapso temporal dos anos de 2000 a 2016, que o principal motivo seria a ocorrência das cifras negras, dado inclusive que pode ser observado quando se verifica que apenas em 2005, o INFOPEN começou a fazer o levantamento de dados, e o INFOPEN-mulheres só passou a ser tabulado em 2014, trazendo um enorme lapso temporal de coleta de dados, atrelado ainda ao fato de que não está se analisando os dados que não chegam até o sistema penitenciário, ou seja, aquelas denuncias que não chegam a serem processadas por falta de provas, que decorrem de uma incredulidade na hora das investigações, resultantes de arquivamentos, absolvições, sendo dados que não aparecem nas estatísticas criminais e, portanto, estão despercebidos.

Partindo dessa análise, se aponta que os dados seriam maiores, caso os fatores discriminatórios fossem ausentes. Discorre o INFOPEN (2018, p.17) que :

> A taxa de aprisionamento Entre 2000 e 2016, a taxa de aprisionamento de mulheres aumentou em 525% no Brasil, passando de 6,5 mulheres encarceradas para cada grupo de 100 mil mulheres em 2000 para 40,6 mulheres encarceradas em 100 mil [...] Cabe ressaltar que o cálculo da taxa de aprisionamento apresentado no gráfico 4 segue o parâmetro adotado pelo International Centre for PrisonStudies, fonte de comparação internacional, que considera o número de pessoas privadas de liberdade para cada grupo de 100 mil habitantes, sem qualquer recorte etário, para fins de equalização internacional. No Brasil, no entanto, de acordo com art. 228 da Constituição Federal,são penalmente inimputáveis os menores de 18 anos. Assim, caso consideremos para o cálculo da taxa de aprisionamento de mulheres no país o recorte da população acima de 18 anos, teríamos uma taxa de 55,4 mulheres presas para cada grupo de 100 mil mulheres com mais de 18 anos no Brasil.

A partir da explicação mencionada de que os parâmetros nacionais enquadrariam as inimputáveis e se considerássemos a aplicação obedecendo a imputabilidade prescrita no Brasil, ter-se-ia um aumento dos números o que demonstra cada vez mais uma preocupação com essa roupagem de criminalidade feminina no Brasil.

Não obstante os dados demográficos até aqui, se apresenta também interessante a abordagem acerca dos presídios no Brasil, comprovando a falta de perspectiva criminológica feminina quando se avalia que a maioria dos estabelecimentos prisionais do país foram construídos para aprisionar homens.

3.1 DA FORMA DE DESTINAÇÃO DOS ESTABELECIMENTOS PENAIS NO BRASIL/ESTIGMA GOVERNAMENTAL

Veja-se inicialmente o gráfico do INFOPEN-mulheres (2018) que aborda a destinação dos presídios entre os gêneros em que se comprova uma destinação desrazoável para o gênero feminino, de modo que se evidencia que o Estado não atribui a relevância necessária para as mulheres que cometem delitos, de modo a subjulgá-las quanto a sua criminalidade.

Gráfico 3 Destinação dos estabelecimentos penais de acordo com o gênero

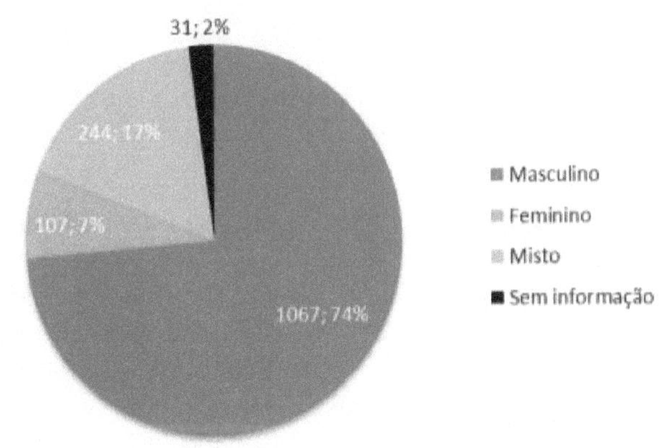

Fonte: Levantamento de Informações Penitenciárias - INFOPEN, Junho/2016.
(INFOPEN-mulheres, 2018, p.22)

Na apresentação desses dados o órgão estatístico já dispõe que a maioria das prisões foram projetadas para os homens, de modo que com o crescente aumento da criminalidade, os estabelecimentos tiveram de promover adaptações aos estabelecimentos, de modo que fica evidente, o cerceamento de direitos e garantias fundamentais femininas, tendo em vista necessidades específicas, como por exemplo, berçários e celas individuais para apenadas gestantes. Vejam-se as informações dadas pelo INFOPEN-mulheres (2018, p.22):

Em relação à destinação dos estabelecimentos por gênero, observa-se no gráfico 8 a tendência já expressa na primeira edição do INFOPEN Mulheres, que apontou que a maior parte dos estabelecimentos penais foi projetada para o público masculino. 74% das unidades prisionais destinam-se aos homens, 7% ao público feminino e outros 16% são caracterizados como mistos, o que significa que podem contar com alas/celas específicas para o aprisionamento de mulheres dentro de um estabelecimento originalmente masculino. A separação por gênero dos estabelecimentos destinados ao cumprimento de penas privativas de liberdade está prevista na Lei de Execução Penal e foi incorporada à Política Nacional de Atenção às Mulheres em Situação de Privação de Liberdade e Egressas do Sistema Prisional como forma de visibilizar a situação de encarceramento de mulheres em estabelecimentos em que a arquitetura prisional e os serviços penais foram formulados para o público masculino e posteriormente adaptados para custódia de mulheres e são, assim, incapazes de observar as especificidades de espaços e serviços destinados às mulheres (que envolvem, mas não se limitam a, atividades que viabilizam o aleitamento no ambiente prisional, espaços para os filhos das mulheres privadas de liberdade, espaços para custódia de mulheres gestantes, equipes multidisciplinares de atenção à saúde da mulher, entre outras especificidades).

Interpretam-se esses dados como uma corroboração da dupla penalidade feminina, em que é penalizada pelo crime, mas também socialmente de modo a não garantir direitos fundamentais e segregando ela do estereótipo de mulher esperada pela sociedade. Assim corroborando esse entendimento afirma Leite (2017, p. 35) que "A forma como o sistema de justiça criminal enxerga a mulher presa, demonstra o descaso do estado com esses sujeitos e total desatenção às suas peculiaridades".

Se verificar o contexto histórico de prisões femininas, a necessidade de se pensar em criação de prisões exclusivamente para mulheres se fundamentava para apartá-las do ambiente familiar masculino, sob o pretexto de influência que elas causariam, conforme argumentos utilizados por Lemos de Brito para criação de presídios exclusivamente femininos estava amparada muito mais em garantir a paz e a tranquilidade das prisões masculinas, do que dar mais dignidade as estas mulheres, pois as prisioneiras eram consideradas histéricas, ninfomaníacas e pecadoras e a criação de presídios femininos, significava um modo de torná-las obedientes e educadas as regras sociais e religiosas (SOARES, 2002, p. 57).

Mostra-se relevante inclusive a constatação acerca da visita íntima que tem assegurado através do artigo 41 da Lei de Execução Penal - LEP. De forma alarmante os dados do INFOPEN aponta que a distribuição destes ambientes entre as unidades prisionais que abrigam mulheres no Brasil (estabelecimentos femininos e mistos), demonstrou que "1 em cada 2 unidades femininas não contam com espaços nestas condições e, no caso das unidades mistas, apenas 3 a cada 10 estabelecimentos contam com infraestrutura adequada ao exercício do direito à visita social da pessoa presa" (INFOPEN, 2018, p. 24).

Quando se analisam esses dados, se leva a compreensão que o sistema carcerário ocupa responsabilidade quando reafirma um controlamento já vivenciado antes do cárcere. Desse modo atua como espécie de extensão do controle informal "responsável de reconduzir a mulher presa ao papel inferior dentro das estruturas da justiça criminal, abandonadas, invisíveis e permanecem isoladas do universo extramuros durante todo o cumprimento de pena" (LEITE, 2017. 64).

Passa-se a verificar como tem ocorrido a visitação das mulheres nos presídios, o que leva a compreensão de abandono familiar. Assim a conjuntura de abandono prisional se apresenta como reprodução de construções hierarquizadas de gênero e "afetam de muitas formas as mulheres presas, que passam a conviver comas múltiplas facetas da intolerância e da exclusão" (RODRIGUES, V. I. et al., 2012, p. 87).

Portanto, no entendimento de Leite (2017, p. 62) "a mulher selecionada pelo sistema de justiça criminal, passa por um processo de exclusão que é interseccional, que está ligado à sua classe, cor e condição social e produz uma etiqueta social de mulher criminosa", de modo que se comprova o estigma social em que a própria justiça traz a segregação.

3.2 DO ABANDONO À MULHER ENCARCERADA – ESTIGMA SOCIAL

Diante dos fatores referidos em itens anteriores, também se pode evidenciar além de abandono estatal, um abandono social, muitas vezes decorrente da própria família que exclui a criminosa do seio familiar por ter infringido o papel social de mulher. Observe-se o gráfico acerca da visitação nos estados:

Gráfico 4 Percentual de estabelecimentos penais com local específico para visitação, por unidade da federação.

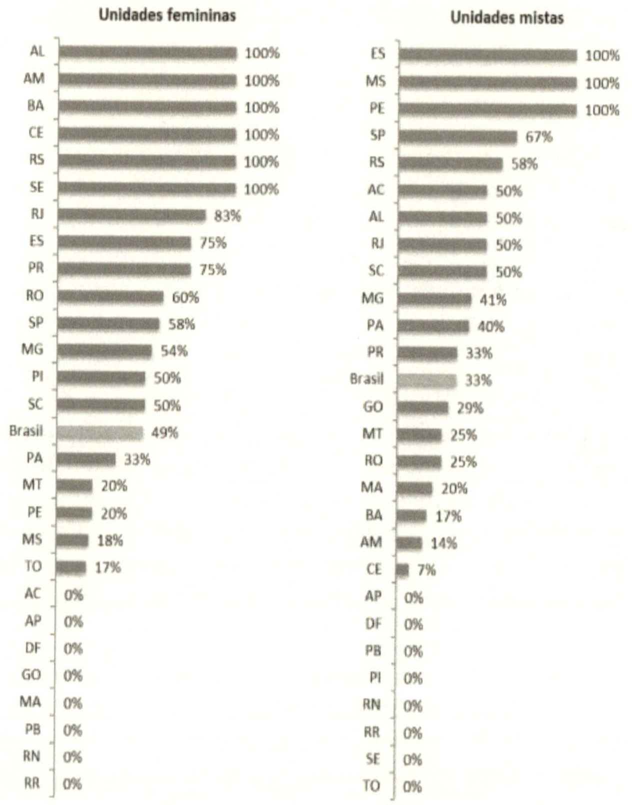

onte: Levantamento de Informações Penitenciárias - INFOPEN, Junho/2016.
(INFOPEN-mulheres, 2018, p.25)

Em análise a esses dados, o relatório do INFOPEN-Mulheres (2018, p. 24), ainda dispõe que:

Em relação aos estabelecimentos destinados a abrigar apenas homens (unidades masculinas), a média nacional é de que 34% dos estabelecimentos conte com este espaço. Em relação às unidades exclusivamente femininas, destacam-se os casos dos estados do Pará, Mato Grosso, Pernambuco, Mato Grosso do Sul e Tocantins, em que o percentual de unidades que contam com espaços para visita encontra-se abaixo da média nacional. O Distrito Federal não foi considerado no cálculo das unidades femininas pois não informou a existência de unidades exclusivamente femininas, sendo todos os seus estabelecimentos classificados como masculinos ou mistos.

Em relação às unidades classificadas como mistas, os estados do Amapá, Roraima e Tocantins não foram considerados, pois não informaram a existência de estabelecimentos deste tipo.

Veja-se que é alarmante o cerceamento do direito a visita íntima nos presídios femininos, em que alguns estados sequer possuem espaço para o asseguramento do referido direito, de modo a trazer o questionamento: Porque os homens possuem mais acesso a visita íntima? O que traz novamente ao estigmatismo, de que a mulher criminosa teria uma punição social mais elevada em face do homem, a essa mesma conclusão chegou Leite (2017, p. 55) quando aduz que:

> A mulher, é pois, vista como um problema menor, pouco visível, que tende a ser abandonada dentro do universo da prisão, ante a ausência de políticas públicas voltadas a esse público que possibilitem a reinserção das mulheres condenadas na sociedade.

Confirmando as narrativas no sentido de que "a mulher encarcerada sofre, ainda, a punição por ter descumprido seu papel social tradicional de conformação ao espaço privado ao invadir o espaço público no cometimento do crime". (MIYAMOTO; KROHLING, 2012, p. 230).

Continuando a análise a direitos fundamentais, como a visita íntima, é notável uma diferenciação no gênero, quando relacionada a dados do sistema penitenciário masculino, reforçando a tese de abandono social da mulher no cárcere. Menciona o INFOPEN-mulheres (2018, p. 26) que:

> [..]Em resolução de 2011, o Conselho Nacional de Política Criminal e Penitenciária, observando o Plano de Política Criminal e Penitenciária vigente à época e o relatório do Grupo de Trabalho Interministerial para Reorganização e Reformulação do Sistema Prisional Feminino, editado pela Secretaria Especial de Políticas

para as Mulheres da Presidência da República, e fundamentado no princípio da igualdade de direitos, reformulou a definição de visita íntima para assegurar o direito à visita íntima "às pessoas presas casadas entre si, em união estável ou em relação homoafetiva" , contemplando também a população carcerária LGBT. Na Figura 3 é possível observar que, ainda que formalmente garantido, o exercício do direito à visita íntima, com observância à dignidade e privacidade da pessoa presa, encontra limitações determinadas pela infraestrutura dos estabelecimentos penais. Em relação às unidades femininas, 41% dos estabelecimentos contam com local específico para realização da visita íntima e, no caso dos estabelecimentos mistos, apenas 34% das unidades podem oferecer este espaço às pessoas privadas de liberdade.

Veja-se a tabela que aponta a média de visitas por pessoa privada de liberdade, no qual se pode evidenciar a discrepância entre o feminino e o masculino, o que reforça o discurso de abandono.

Tabela 4 Média de visitas por pessoa privada de liberdade, por unidade da federação e tipo de estabelecimento penal- primeiro semestre de 2016.

UF	Estabelecimento penal			
	Masculino	Feminino	Misto	Total
AC	4,9	0,0	0,9	3,9
AL	9,0	3,2	0,3	5,1
AM	15,0	2,0	4,9	11,3
AP	3,3	4,5	0,0	3,3
BA	4,4	13,8	18,1	10,7
CE	6,6	0,0	0,1	4,9
DF	10,0	0,0	11,3	10,1
ES	6,0	11,3	7,2	6,4
GO	4,5	0,0	8,1	5,7
MA	7,2	1,1	0,5	5,8
MG	11,3	9,7	9,4	10,5
MS	7,8	6,2	0,0	7,7
MT	6,1	12,0	13,8	6,6
PA	6,2	5,2	3,2	5,7
PB	9,5	0,8	0,0	8,8
PE	5,8	5,4	14,8	6,0
PI	4,9	4,4	26,1	7,3
PR	4,2	1,7	0,1	1,9
RJ	NI	NI	NI	NI
RN	4,5	0,8	0,0	2,8
RO	4,0	7,2	4,8	4,3
RR	NI	NI	NI	NI
RS	11,6	12,8	11,3	11,6
SC	6,5	7,3	7,3	6,7
SE	5,1	0,0	2,2	4,8
SP	8,1	6,2	1,6	7,9
TO	6,7	9,7	0,0	6,8
Brasil	7,8	5,9	5,9	7,4

Fonte: Levantamento de Informações Penitenciárias - INFOPEN, Junho/2016.

(INFOPEN-mulheres, 2018, p.28)

Numa análise qualitativa e quantitativa dos dados, se pode observar que há estados que informam inclusive ausência de visitação íntima para as mulheres, em contra partida os homens não possuem dados negativos, assim, pode-se concluir uma maior aceitabilidade familiar e social em face das transgressões masculinas ao contrário das femininas, havendo nesse momento um ônus de dupla penalidade suportado pela apenada.

Portanto, "a condição de presa afeta profundamente a imagem social da mulher, que será portadora desse estigma até mesmo por seus familiares". (SPESSOTE, 2016, p. 147).

"A prisão determina-se como um sistema reprodutor, que rotula o sujeito como delinquente por meio de um aparato estatal que reforça e condiciona os papéis de cada sujeito" (ZAFFARONI, 2013, p. 60), de modo que a ausência de garantia a visita íntima para as mulheres é mais uma forma do próprio estado estigmatizar a sexualidade feminina.

Ainda se pode avaliar o descaso governamental com mulheres quando se analisa a estrutura inadequada para a garantia de direitos fundamentais como a maternidade. As prisões não foram pensadas para as mulheres, de modo que isso reflete inclusive estruturalmente, como se pode observar através da escassez de unidade que tem cela para gestantes. Observa-se, portanto, a tabela seguinte:

Tabela 5 Estabelecimentos penais que têm cela/dormitório adequado para gestantes por unidade da federação.

UF	Unidades que têm cela/dormitório para gestantes	
	N	%
AC	1	33%
AL	1	33%
AM	2	18%
AP	1	100%
BA	1	14%
CE	1	3%
DF	1	100%
ES	4	57%
GO	5	10%
MA	1	17%
MG	3	3%
MS	4	33%
MT	1	11%
PA	2	25%
PB	3	60%
PE	3	50%
PI	0	0%
PR	1	14%
RJ	2	25%
RN	0	0%
RO	3	18%
RR	0	0%
RS	1	6%
SC	6	43%
SE	1	50%
SP	7	32%
TO	0	0%
Brasil	55	16%

Fonte: Levantamento de Informações Penitenciárias -

(INFOPEN- mulheres, 2018, p. 30)

A partir dessa análise de dados, na qual existem estados que sequer tem um percentual mínimo, leva-se a corroboração da falta de preocupação governamental com as mulheres. Leite (2017, p. 68), dispõe que:

> [...] a Arguição de Descumprimento de Preceito Fundamental n. 347/2015,

que discute sobre o "estado de coisas inconstitucional" decorrente da situação dos presídios brasileiros, faz referência a questão a condição da mulher no ambiente prisional, em uma passagem do seu voto a Ministra Carmem Lúcia aponta para a precária situação "há uma desagregação psicológica dessa pessoa, porque, além da separação do filho recém-nascido, ela volta para uma penitenciária em que não se tem o cumprimento da pena no regime estabelecido e em condições de mínimo respeito à dignidade humana", oque mostra como o estado punitivista tem sido negligente com a infratora, contribuindo veementemente para o maior abandono e estigmatização desses sujeitos.

De forma interessante como fator de criminalidade feminina é importante averiguar os crimes frequentemente praticados, compreendendo o grau de violência feminina. Dispõe o INFOPEN, (2018, p. 53) que:

> Compreender a natureza dos crimes tentados ou consumados pelos quais as pessoas privadas de liberdade foram condenadas ou ainda aguardam julgamento nos ajuda a formular análises acerca dos fluxos do sistema de justiça criminal, desde sua fase policial até a fase da execução penal, e seus padrões de seletividade, evidenciados na preponderância dos crimes praticados sem violência, crimes contra o patrimônio e crimes ligados ao tráfico de drogas entre os registros das pessoas privadas de liberdade. A seletividade penal pode ser compreendida a partir da baixa participação de outros tipos penais na distribuição total de incidências, o que indica que o aparato punitivo do Estado encontra-se voltado para a repressão a determinados tipos de crimes (a saber: crimes patrimoniais e crimes ligados ao tráfico de drogas) e ao encarceramento de determinados grupos sociais, como foi demonstrado ao longo de toda a seção dedicada ao perfil da população prisional neste relatório, em detrimento de outros tipos penais e grupos sociais envolvidos em delitos.

Diante do exposto, se mostra valorosa referida análise por trabalhar acerca da criminalidade seletiva, que atribui características gerais que são mais difundidas e, portanto, passíveis de solução através de políticas públicas, que não se devem apenas no mundo carcerário feminino, haja vista, que todo o sistema necessita de maior atenção pelos poderes constituídos.

Gráfico 5 Distribuição dos crimes tentados/consumados entre os regimes das mulheres privadas de liberdade, por tipo penal.

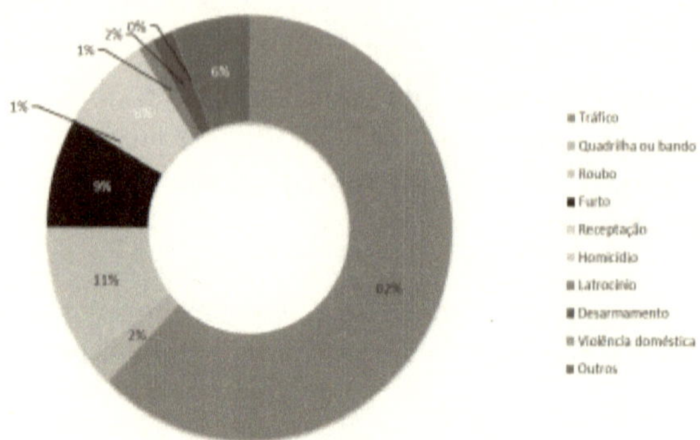

Fonte: Levantamento de Informações Penitenciárias - INFOPEN, Junho/2016.
(INFOPEN-mulheres, 2018, p. 54)

Cabe ressaltar inicialmente que segundo o INFOPEN, nem todos os estabelecimentos criminais dispunham da referida informação, no entanto, conseguiu computar 33.861 incidências penais nos registros de mulheres, que observou uma divisão pautada pelo Código Penal e Legislação extravagante, em que resultaram nos seguintes dados:

> De modo geral, podemos afirmar que os crimes relacionados ao tráfico de drogas33 correspondem a 62% das incidências penais pelas quais as mulheres privadas de liberdade foram condenadas ou aguardam julgamento em 2016, o que significa dizer que 3 em cada 5 mulheres que se encontram no sistema prisional respondem por crimes ligados ao tráfico. Entre as tipificações relacionadas ao tráfico de drogas, o crime de Associação para o tráfico corresponde a 16% das incidências e o crime de Tráfico internacional de drogas responde por 2%, sendo que o restante das incidências referem-se à tipificação de Tráfico de drogas, propriamente dita (INFOPEN-mulheres, 2018, p. 53).

A partir dos dados apresentados, se mostra evidente uma inserção através do tráfico de drogas em que as mulheres estão ocupando um papel mais visível, tendo em vista que se disfarçam melhor no contexto social, dificultando sua captura, de modo que as organizações criminosas já atentaram para a referida abordagem.

4

DESCONTRUÇÃO DO DISCURSO VITIMIZADO

Em contrapartida a maioria da doutrina que prega uma vitimização feminina, têm-se cientistas que divergem de tal pensamento, e cujo pensamento se alinha a esta pesquisa. Na década de 50, os estudos de Pollak (1998), insurgia com uma nova visão acerca da criminalidade feminina em que levava em consideração fatores biológicos, psicológicos e sociológicos, defendendo a tese de que haveria proximidade na quantidade de crimes praticados por ambos os gêneros, de modo que a criminalidade feminina estaria subestimada nas estatísticas criminais, em razão de atribuir a mulher uma condição de maior invisibilidade perante as autoridades, ocorrendo assim as cifras negras.

É nítido que as mulheres passaram por uma invisibilidade criminal, principalmente se volta ao estado brasileiro e se aponta que a os dados femininos relativos ao cumprimento da pen só foram realizados pelo DEPEN em 2014, demonstrando uma nítida despreocupação governamental com as mulheres criminosas.

Demonstra Soares e Ilgenfritz (2002, p. 63) que é escasso as pesquisas acerca da criminalidade feminina, e as que abordam a temática trazem em "títulos acessórios, em curtos capítulos subsidiários, de obras que privilegiam sempre o criminoso masculino". Almeida (2001, p. 99), dispõe que:

> Raros são os livros e debates que contemplam a mulher como autora de crimes. Quando muito na literatura criminológica ou em romances, a mulher é tratada como co-autora, cúmplice ou arquiteta de crimes, e raramente como criadora de sua criminalidade.

No Brasil, evidenciam-se estudos consideráveis sobre a vitimização do gênero feminino nos mais diversos contextos de violência em razão do gênero, no entanto, o outro lado da criminalidade vem aos poucos sendo introduzida, ainda sem o respaldo necessário, sem uma demonstração de generalidade das condutas não enquadradas no etiquetamento de vítima. É válido ressaltar que os números crescentes de mulheres criminosas, se dá através de uma expansão da própria disseminação da igualdade feminina, quando se retira o estigmatismo, se passa também a compreender a possibilidade criminológica e a partir dessa quebra de paradigma, a justiça vem, ainda de forma tímida avançando nas descobertas e punições.

Entende-se que essa subsidiariedade da criminologia feminina, acaba por trazer uma adaptabilidade do sistema penal feito e pensado para homens e que de forma excepcional deve ser aplicado à mulher, de forma a trazer dissonância na confecção na administração da pena.

Partindo dessa análise, os estudos criminológicos femininos devem considerar as especificidades femininas, de modo a aplicar os efeitos positivos e negativos que o gênero pode qualificar (SILVA, 2013).

Uma visão machista acerca criminalidade feminina é apontada por Soares e Ilgenfritz (2002, p. 66), quando dispõem que:

> Os inúmeros trabalhos criminológicos fundados no biologismo, no psiquismo e no sociologismo para explicar a sub-representação da criminalidade feminina nas estatísticas prisionais, refletiram exclusivamente pontos de vista masculinos (machistas), dos quais são exemplos, os trabalhos dos penitenciaristas brasileiros Lemos de Brito, Candido Mendes e Vitório Caneppa, fiéis à teoria Lombrosiana.

Salienta-se a abordagem de Silva (2013), quando expõe que nas décadas de 1960-1970, como feminismo teria ganhado força a tese de que a partir da modernidade haveria uma equalização dos sexos, diante das mesmas oportunidades, o que justificaria a criminalidade feminina a partir da inserção da mesma no mercado de trabalho e diminuindo as diferenças criminais nas estatística entre os gêneros.

Uma contribuição científica nesse contexto nasce em 1950 na publicação de The Criminality of Women por Pollak, em que trazia ideias inovadoras e uma explicação diferenciada, associada com fatores sócio-estruturais, em que trazia uma combinação de fatores biológicos, psicológicos e sociológicos que trariam explicação para a criminalidade feminina, sendo o pioneiro na defesa de que a quantidade de crimes praticados pelo gênero masculino era muito próxima do feminino, em que não haveria uma diagnosticação, motivo pelo qual erroneamente representados nas estatísticas criminais (RATTON et all, apud SILVA, 2013).

A pesquisadora dispõe que Pollak afirmou que os crimes tidos "tipicamente femininos" seriam mais facilmente dissimulados ("mascarados") e raramente relatados às agências de controle. O argumento congrega a afirmação de uma suposta habilidade para falsear inerente às mulheres, combinada à influência hormonal e as circunstâncias tipicamente femininas (menstruação, gravidez, menopausa e estado puerperal, por exemplo) (SILVA, 2013, p. 26).

Pollak inova ainda ao mencionar o beneficiamento da mulher pela incidência da "cifra negra" da criminalidade feminina, termo esse que significa a ocorrência da diferença entre o número de crime efetivamente praticado em face dos que chegam as autoridades policiais. Assim, quando defende a ocorrência da cifra nega, aponta que os homens em convívio agiririam com maior complacência, influindo esse sentimento também na persecução penal e justiça criminal.

Ocorre que Pollak também tinha outro ponto central de fundamentação, em que apontaria que a mulher seria beneficiada por uma capacidade natural para enganar, em que ele relaciona essa capacidade a sua fisiologia. Veja-se :

> [...] pouca atenção foi dada ao fato fisiológico de que o homem deve atingir ereção no ato sexual e não pode esconder uma falha... uma pretensa resposta sexual é impossível para ele..., o corpo da mulher, no entanto, permite de certo modo, tal pretensão e a falta de orgasmo não a impede de participar do ato sexual. (LAMBERGUER, apud, SILVA, 2013, p. 26).

Essa abordagem, merece as devidas ressalvas, diante do

constante diagnóstico de violência psicológica e física que acaba por trazer coação na realização da referida prática, o que retiraria o argumento científico da abordagem. Assim, notória contribuição científica, os argumentos, em que se entende que peca quando apregoa o pré-determinismo de uma biologia favorecedora do cometimento do delito, colocando a mulher em um patamar de superioridade.

4.1 ANÁLISE HIPOTÉTICA SOBRE AS ESTATÍSTICAS CRIMINAIS DESTOANTES

Ao longo da pesquisa é evidenciado inúmeras teorias que buscam explicar a criminalidade feminina, sendo a maioria marcada pela sub representação em dados estatisticos com a maioria das correntes identificadores apregoadas na vitimização.

As motivações na visibilidade criminológica feminina inferiorizada é sintetizada por Souza (2009, p. 650) nas seguintes palavras:

> [...] a baixa incidência de crimes de autoria feminina, se coparada à de crimes de autoria masculina; o curso não aparente ou enconbrimento da violência feminina;o modo de participação no crime; menor reincidência ao crime em comparação com o sexo masculino; a participação criminosa juridicamente irrelevante; baixa notificação de crimes femininos (cifra negra); o preconceito das pessoas, que atribuem pouco ou nenhum valor às manifestações da violência feminina; falta de pressão da opinião pública, que não se interessa pela temática; a discriminação do público e da polícia; e a discriminação por parte do legislador e do poder judiciário.

De modo a corroborar esse pensamento Gennaro (1975 apud, SILVA 2013, p. 31), elenca hipoteses acerca da criminalidade feminina invisível. Veja-se:

> No primeiro grupo estão hipóteses que focalizam a criminalidade entre as mulheres como um fenômeno tão intenso como entre os homens, mas cuja forma distinta de manifestação dificulta a percepção. Este grupo reúne as seguintes hipóteses: a) na maioria dos casos a mulher criminosa agiria em concurso nãoaparente; b) sua participação criminosa seria juridicamente irrelevante; c) sua atuaçãoseria abarcada pela cifra negra; d) em comparação com os

homens, seus delitos receberiam tratamento diferenciado por parte do público e das agências de controle social formal (polícias); o mesmo tratamento diferenciado seria confrido pelos poderes legislativo e judiciário.

Já no segundo grupo estão as hipóteses que afirmam ser a criminalidade efetivamente menor entre as mulheres em comparação aos homens. Neste grupo são encontradas as seguintes hipóteses:a) aquelas relacionadas às diferenças sócio-estruturais entre os sexos; b) aquelas relacionadas a diferenças na composição física e psíquica entre homens e mulheres e c) aquelas que relacionam a criminalidade feminina à prostituição.

Em análise aos pressupostos mencionadas, merecem ser esmiuçadas para uma melhor compreensão.

Na suposição ventilada acerca do "encobrimento da violência feminina", trabalharia-se com a presunção de que os crimes de envolvimento feminino seriam cometidos em concurso de agentes, e que haveria intresse na burla dos registros policiais, para preservar os coautores ou partícipes, que em caso de descoberta agravaria sua pena, bem como haveria mais interesse na sua impunibilidade para que os mesmos podessem dar continuidade ao ato deliquente.

Nesse contexto, o papel da mulher se restringue, por ser entendido que os atos executórios são papeis masculinos, de modo que organizações criminosas poderiam fazer uso de relações afetivas, como casamento para prolongar a associação criminosa, ou poderia nesse momento se adotar a tese defendida por Polak, que apregoa a habilidade de falseamento feminino de sua criminalidade, tornando-se assim mais difícil a detecção.

Retratou-se também a justificatva de que a participação feminina na atividade criminosa seria juridicamente irrelevante, aponta que a mulher não participaria de forma efetiva do fato típico, em que sua conduta não teria relevância na caracterização da conduta, no entanto, vale mencionar a advertência feita por Gennaro (1975 apud, SILVA 2013, p. 34):

> [...] seria um grave erro para o criminólogo ignorar a participação dessas mulheres, que através de conselho, instigação e várias outras formas de cooperação, assumem valores concasuais na perpetração dos delitos, sem que, todavia, essa sua atividade tome o caráter externo do ato juridicamente relevante.

Desse modo, necessário relembrar o fato de que as mulheres podem assumir a postura de incentivadoras, e até autoras mediatas, através da inteligência para a prática delituosa.

Em seguida se traz a hipotese da ocorrência de cifra negra, que será abordado por último, por guardar intima relação com o diagnóstico final da presente pesquisa, merecendo tópico específico. Em continuidade aborda-se a discriminação pública e das agências de controle social em que se argumenta uma discrepância de tratamento entre a criminalidade feminina e a criminalidade masculina, apontando que haveria descrédito criminológico, ao passo que conforme já abordado em item anterior que as instituições de controle social teriam mais compaixão punitiva em face das mulheres, havendo descrédito quanto a periculosidade da agente delitiva, que não precisaria da dureza da aplicação da lei penal.

Ressalta-se a exemplificação prática dessa concepção através de provérbios populares citados por Henting (1975 apud, SILVA 2013, p. 35) nas aseguintes afirmativas: "as mulheres são muito boas para serem verdadeiramente criminosas" ou ainda que "as mulheres não são suficientemente boas para serem verdadeiramente criminosas", trazendo ainda o questionamento acerca da forma de noticiamento das referidas condutas pela impresa, que traz como uma verdadeira aberração, trazendo nesse momento o retorno do etiquetamento e estigmatização da mulher criminosa.

Ressalta-se que Silva (2013) também citou como um fator a discriminação por parte da opinião pública e da polícia como um fator de subrepresentação da mulher em dados estatísticos, em que realça que as mulheres receberiam uma abordagem diferenciada, não igualitário por parte daqueles, que atribuiriam uma maior tolerância em detrimento dos homens.

Gennaro ilustra esse argumento recorrendo aos crimes contra honra que quando são praticados pelas mulheres não chegariam a serem denunciados, em contrapartida, quando são cometidos por homens a denúncia seria geralmente efetivada, e portanto segundo o autor isso se deveria a um descrédito por acreditar em uma violência inferior a masculina.

Procurando uma fundamentação literária para justificar essa discriminação, tem-se Lombroso no seu pré determinismo de desenvolvimento intelectual inferior, passiva e submissa, no que decorreria inaptidão nata para a deliquência, e por outro lado teria-se o mito do feminino deificado, em se trabalhar a mulher criminosa omo uma contraposição a imagem da santa virgem maria, em que portanto, a criminosa devido ao delito cometido, seria o oposto da imaculada (BRAUSTEIN, 2007).

Importante salientar que a imprensa estigmatiza quando noticia com mais aberracionismo os crimes violentos cometidos por mulheres, associando um desvio incomum ao que seria socialmente correto da mulher em atribuir-lhe papel de boa mãe, esposa, filha e etc. Tuchman (1993 *apud* BUDÓ, 2008, p. 4) reporta que há uma relevância no papel de mulher veiculado na imprensa, pois, "a notícia só espelha a realidade, ajuda a construí-la como fenômeno social compartilhado, posto que no processo de descrever um acontecimento a notícia define e dá forma a esse acontecimento".

Assim, pode-se evidenciar que há uma estigamtização no fato de ser mulher e encarcerada sob duas perspectivas, sendo ela o próprio gênero, na condição de ser mulher e uma expectativa moral e ética que se cria sobre ela. (LIOYD, 1995 apud BRAUSTEIN, 2007).

4.2 DA OCORRÊNCIA DA CIFRA NEGRA

Iniciamente cabe destacar a importância da estatística criminal para ter conhecimento entre o liame de causalidade entre os ilícitos praticados e os fatores de criminalidade e a partir disso respaldar as políticas públicas de combate ao crime de forma preventiva e repressiva.

No entanto, é preciso ter cuidado acerca dos dados governamentais, pois podem ocorrer omissões. Penteado Filho (2012, p. 71) discorre:

> [...] é preciso ter cuidado ao analisar as estatísticas criminais oficiais, na medida em que há uma quantia significativa de delitos não comunicados ao Poder Público, quer por inércia ou desinteresse das vítimas, quer por outras causas, dentre as quais os erros de coleta e a manipulação de dados pelo Estado Nesse sentido, convém diferenciar a criminalidade real da criminalidade revelada e da cifra negra: a primeira é a quantidade efetiva de crimes perpetrados pelos delinquentes; a segunda é o percentual que chega ao conhecimento do Estado; a terceira, a porcentagem não comunicada ou elucidada.

Destarte, as estatísticas criminais servem para fundamentar a política criminal e a doutrina de segurança pública quanto à prevenção e à repressão criminais.

É relevante relembrar que é necessário a ocorrência de notificação ou boletim de ocorrência para que se entre os referidos dados em controle governamental.

Partindo de uma análise conceitual sobre "Cifra negra", pode-se resumir para informar que ela é citada quando aponta a existência de alto número de crimes que foram praticados, mas que não chegaram ao conhecimento de nenhuma autoridade pública incubida de repreender o crime, e portanto ficando fora dos levantamentos estatísticos.

Na observação desse fenômeno, a criminologia passa a estudar para identificar os motivos das ocorrências, que percalçam um caminho de diversas motivações como próprio desconhecimento da conduta criminosa, ausência de comunicação às agências de controle social e a própria etigmatização seletiva interna dessas instituições para não identificar a prática de delitos. Dispõe Giorgis (1982 apud VOEGELI, 2003) que é incomparavelmente mais extensa e grave a criminalidade desconhecida ou conhecida mas não denunciada em face da criminalidade aparente.

De Castro (1983, apud SILVA, 2013) abordando sobre cifra oculta de criminalidade, traz a classificação entre criminalidade "real", "aparente" e "legal". A legal, faz parte da criminalidade que é registrada nas estatísticas oficiais e a criminalidade aparente é aquela que está informada nos órgãos de controle social, mas ainda não estraram nas estatísticas por diversos motivos, como falta de julgamento, arquivamento por faltas de provas entre outros, enquanto que a criminalidade real engloba a quantidade verdadeira de crimes cometidos no lugar pesquisa.

Sobre as possibilidades de dados errôneos, Penteado Filho (2012, p. 74), aduz inúmeras possibilidades. Veja-se:

> É sabido que governantes inescrupulosos determinam a manipulação das estatísticas de criminalidade, com propósitos eleitoreiros. Trata-se de uma maneira sórdida de mascarar os verdadeiros índices de criminalidade para demonstrar a falsa ideia de que a política de governo está sendo conduzida eficientemente na seara da segurança pública[...] De outra banda, há que registrar que muitos delitos são registrados erroneamente, por falha da

> polícia, além da manipulação às avessas, isto é, reduz-se o índice de criminalidade por meio do aumento de casos esclarecidos e da diminuição de casos registrados oficialmente. Por derradeiro, há uma série expressiva de delitos não comunicados pelas vítimas às autoridades. Várias são as razões que as levam a isso: 1) a vítima omite o ato criminoso por vergonha ou medo (crimes sexuais); 2) a vítima entende que é inútil procurar a polícia, pois o bem violado é mínimo (pequenos furtos); 3) a vítima é coagida pelo criminoso (vizinho ou conhecido); 4) a vítima é parente do criminoso; 5) a vítima não acredita no aparato policial nem no sistema judicial etc.

Alguns autores enfatizam a ocorrência mais significativa das cifras negras em face da criminalidade feminina do que a masculina, atribuindo esse pensamento em que a mulher teria uma suposta habilidade de falseamento e dissimulação na sua própria natureza, bem como apontar a difícil percepção em crimes tipicamente femininos. Cabe registrar a ressalva feita por Voegeli (2003, p. 46) quando afirma que:

> [...]ainda que concordem os autores quanto à possibilidade de este fenômeno atingir proporções maiores quando se trata da criminalidade feminina, não parece razoável que se pense sua gravidade como sendo tão extensa, a ponto de que se igualem as taxas de criminalidade masculina e feminina.

Assim, nota-se que ainda nesse momento se exita na equiparação do homem a mulher, partindo do ponto de vista que as estatísticas podem apresentar discrepancias, mas não ao ponto de igualar os gêneros.

Soares & Ilgenfritz (2002) destacam que os crimes cometidos por mulheres eram dificilmente descobertos em detrimento à propria natureza das infrações, exemplificando com o envenenamento, bem como mencionando que vitimilogicamente atingiam pessoas vulneráveis como crianças e velhos, em que não podiam revidar principalmente pela maioria se dar no ambiente privado doméstico.

4.3 O EMPODERAMENTO DA MULHER NAS ORGANIZAÇÕES CRIMINOSAS

Até o presente momento pode-se observar uma evolução da criminalidade feminina em que antes atuava sempre em um contexto vitimizado e agora evolui para um contexto autônomo.

O foco de estudo do presente subtópico está em avaliar a inserção das mulheres nas organizações como uma desconstrução do discurso vitimizado.

Cumpre-se mencionar que a definição de organização criminosa foi disciplinado pela Lei nº 12.850/2013, que no seu artigo 1º, §1º dispõe:

> § 1o Considera-se organização criminosa a associação de 4 (quatro) ou mais pessoas estruturalmente ordenada e caracterizada pela divisão de tarefas, ainda que informalmente, com objetivo de obter, direta ou indiretamente, vantagem de qualquer natureza, mediante a prática de infrações penais cujas penas máximas sejam superiores a 4 (quatro) anos, ou que sejam de caráter transnacional.

Partindo dessa conceituação, tem-se uma crescente evolução das organizações criminosas, nas chamas facções, nas quais tem-se o Primeiro Comando da Capital- PCC e o Comando Vermelho-CV que se destacam pelo alto grau de organização e atuação em território brasileiro.

Inicialmente não se observava a mulher em crimes complexos, de alta periculosidade, em que havia um subjulgamento da criminalidade feminina, que conforme já mencionado, existem inúmeras teorias. Atenta-se para o fato de que principalmente nas organizações criminosas de tráfico de drogas, se tem evidenciado cada vez mais a participação das mulheres, esse é pensamento abordado pelo criminólogo Ay ush Morad Amar (1987, apud PENTEADO FILHO, 2012, p.179), em que propõe haver duas hipóteses em razão de uma diminuta relevância da criminalidade feminina:

> [...] divergência de frequênciaentre os delitos praticados por homens e mulheres e diferença de tratamentoque os órgãos públicos (Polícia, Ministério Público, Poder Judiciário, SistemaPenitenciário) dispensam às mulheres, resultando daí os problemas atinentes àdinâmica do concurso destas na criminalidade masculina; as cifras negras dacriminalidade da mulher; a discriminação do Poder Público e da sociedade.Registre-se que o crime organizado nos grandes centros urbanos (São Paulo, Riode Janeiro, Belo Horizonte, Porto Alegre, Curitiba, Recife, Salvador etc.) vemcooptando a mulher quer para auxílio material, quer para favorecimento pessoalde seus "irmãos", ou ainda na condição de "mulas" para o narcotráfico.

Importante ressaltar que ainiciação da mulher nas organizações criminosas se dava através de parentes, em que acabavam por convencerem a serem "mulas" de transporte, o que continua a atribuir a mulher um discurso vitimizado, já que aparentemente ela não entraria por autonomia, mas sim para servir a uma figura masculina.

No entanto, se observa um fenômeno diferenciado nas facções criminosas, visulaizando que a mulher é uma forte agregadora ao grupo, reconhecendo que tem capacidade e mobilidade de desfarce para as autoridades, de modo a inserí-la de forma independente no crime.

Essa representação feminina se dá as mulheres que entraram nas organizações criminosas sem serem integrantes de nenhuma família dos integrantes, em que recebem "um salário" para realizar o serviço, de modo que em uma criminologia crítica pode-se questionar, o que justificaria a criminalidade dessa mulher, tendo em vista que claramente não está presente o discurso de vitimização.

A revista eletrônica EXAME, em repostagem feita por Cerione (2017), aponta o seguinte cenário:

> De acordo com Karina Biondi, autora de Juntos e Misturados: uma etnografia do PCC, a participação das mulheres remonta aos primórdios da organização. Em 1993, após a fundação do PCC, feita por detentos do anexo da Casa de Custódia e Tratamento de Taubaté, as esposas dos membros ficaram encarregadas de auxiliar como pudessem de fora da prisão[...]

> Uma das características mais marcantes das mulheres que trabalham para o PCC é que, na maioria das vezes, elas não são familiares dos presos. Segundo o jornalista Josmar Josimo, autor do livro Casadas com o Crime, os homens não querem envolver suas esposas ou familiares no crime organizado e buscam alternativas. "Os integrantes do PCC abraçam o discurso de proteção da família e contratam outras para fazer a ponte das informações. É como uma profissão", explica.

> A estimativa de Gakiya é que as contratadas recebam, aproximadamente, R$ 3.000 por mês para ir ao presídio semanalmente e deixar o detento a par das situações na facção e receber informações necessárias para ações. "Uma vez por semana elas se reúnem e, aí sim, são guiadas pelas esposas dos líderes para as penitenciárias. Lá elas se passam por namoradas ou amantes e

entram no rol de visitas constantes. Para essa estratégia funcionar, eles trocam cartas quando não há visita", diz o promotor.

A presente abordagem traz um dado de extrema relevância para o novo contexto criminológico feminino, em que se dá a ela uma perspectiva diferenciada. É válido ressaltar que ainda de fontes imprecisas se tem a ocorrência de um comando feminino, mas que no entanto se encontram nas cifras negras, é o que se extrai da parte final da referida revista Exame. (CERIONE, 2017):

> Para Corazza, no entanto, não se pode romantizar a relação da mulher com o crime e dizer que o envolvimento acontece por influências masculinas. "Muitas mulheres escolhem estar ali não porque estão apaixonadas por um líder ou têm um irmão dentro da facção, mas sim porque querem. Elas também têm o poder de escolha", explica.

> O envolvimento das mulheres no PCC é tão significativo, que existem especulações da existência de um Comando Feminino, liderado por presas que subvertem a ordem da facção e ditam as ações com suas próprias regras. Não existe, porém, confirmação disso.

Avaliando os dados informativos dessa notícia se mostra muito claro que ainda há uma inoperância estatal em identificar as mulheres criminosas, que pelo grau conhecido de participação se estima uma presença muito maior.

Não é recente a constatação de recrutamento feminino ao crime organizado, como se pode perceber em matéria jornalística publicada em 2006 que informa a constituição de uma facção feminina, constatada através do site de noticias do UOL no ano de 2006:

> A facção criminosa Primeiro Comando da Capital (PCC) está alistando mulheres. O plano é fazer um exército feminino. A ala delas na facção já existe. Embora pequena, é pioneira na história do crime organizado no Brasil. Trata-se do Comando Feminino do PCC.

> Atualmente, elas são 18, todas ?batizadas na facção?. Algumas dizem que foram treinadas com armas pesadas e explosivos, como fuzis, metralhadoras e granadas, para participar de resgates de presos, assaltos, tráfico de drogas, seqüestros e até de ações terroristas, como ataques a postos policiais. Parte da quadrilha está presa, enquanto a outra age nas ruas, em conjunto com os homens.

> As mulheres filiadas ao PCC têm um padrinho ou madrinha na

facção. Os principais chefes da organização batizaram as primeiras, que chamam o padrinho de pai e, por ele, dizem estar dispostas a matar ou morrer.

Assim como os soldados da principal organização criminosa do Estado de São Paulo, as mulheres prestam juramento de lealdade. Em caso de não-cumprimento a qualquer um dos 16 itens do estatuto do PCC, as recrutas estão sujeitas à exclusão do grupo. Em caso de traição, a sentença para a culpada é igual à dos homens: a morte.

Águia Solitária é o codinome de uma das 18 integrantes do Comando Feminino. Ela é conhecida entre os integrantes do crime organizado nas ruas e no sistema prisional. Ela explica que as integrantes da ala feminina têm poder de mando, mas desde que consultem antes seu padrinhos e os generais da facção para uma eventual decisão.

Nota-se que de maneira informal já se identifica mulheres integrantes de facções criminosas, nas quais os números são mascarados nas cifras negras. Corroborando essa abordagem tem-se matéria jornalística veiculada sobre as operações do PCC em que destaca a imprescindinbilidade das mulheres. Veja o que abordou Declercq (2016):

> [...] Na cúpula das primeiras damas que gerenciavam a central telefônica, algumas se destacaram na época. "A Petronilha Maria de Carvalho Felício, mulher do José Márcio Felício, o Geleião, e a outra era Aurinete Félix da Silva, esposa do ex-líder César Augusto Roriz, o Cesinha." De acordo com o procurador, a ex-mulher do Marcola, a advogada Ana Olivatto, também fazia parte dessa cúpula feminina anos para frente, que tomavam decisões e administravam contas na impossibilidade de seus maridos, encarcerados, assumirem.
>
> Foi na megarrebelião, quando 25 mil presos distribuídos em 29 presídios iniciaram a maior ação registrada no país (perdendo depois para as rebeliões do Salve Geral), em 2001 que a ação feminina se provou crucial para o sucesso da operação. Foi Sueli Rezende, apelidada de "Mãezona" pelos demais, que "recebeu a ordem e que em 48 horas conseguiu compactar todas as centrais e passar essas informações e organizar toda a ação", relembra Christino.

Até a finalização da presente pesquisa, não se teve conhecimento de uma facção exclusivamente feminina, todas ainda se ligam de aguma maneira com a figura masculina, no entanto, se pode visualizar uma diferença no perfil criminal dessas mulheres que antes se colocavam como vítimas do sistema, e geralmente delinquiam em razões das figuras masculinas da sua família, para agora integrar em pé de igualdade na facção, sem necessariamente ter um vínculo familiar. Isso demonstra um empoderamento difrenciado, que não pode ser subjulgado, e vem sendo usado como ferramenta de crime organizado que precisa ser identificado.

Trazendo a discussão para mais próxima da realidade local da presente pesquisa, têm-se a atuação da advogada Catharine Rolim Nogueira, da Cidade de Cajazeiras-PB, que foi presa em flagrante quando tentava entregar celular a um detento que se encontrava recolhido no Presídio Padrão da referida cidade. Veja -se a reportagem veiculada no G1(2017), assim, dispondo:

> [...] uma advogada de 40 anos foi presa em flagrante, na tarde desta terça-feira (4), suspeita de entrar com celulares e carregadores na penitenciária Padrão de Cajazeiras, no Sertão paraibano. Ela foi abordada depois de apresentar atitude suspeita. Os objetos estavam na bolsa da advogada. A jurista assumiu que pretendia entregar os aparelhos a um cliente que estaria no local, segundo a Polícia Civil.

Analisando este fato, é importante o questionamento criminológico: O que levou essa profissional a cometer o delito? Será que a mesma pode se utilizar de um discurso vitimizado para a prática dessa infração? Fica evidente, a partir de casos específicos que não assiste razão as teorias que demarcam uma vitimização social, pois mesmo quando esses marcadores sociais não estão presentes, também se pode evidenciar a criminalidade feminina.

A utilização de advogados nas organizações criminosas já é desenvolvida a algum tempo, quando se diagnosticou a "sintonia das gravatas" termo utilizado para o departamento jurídico do PCC, em que se utilizam da prerrogativa do sigilo advogado cliente para a realização do crime, de modo que além da prerrogativa profissional, também se usa o estigmatismo feminino de inocência para tentar burlar as investigações. Obseva-se uma exemplificação dessa abordagem no Jornal eletrônico "O Dia" (2017), em que aborda o caso da Advogada e apresentadora de TV Luana Don:

> [...] São Paulo - Agentes da Delegacia Especializada em Armas, Munições e Explosivos (Desarme) do Rio, com apoio da Polícia Civil de São Paulo, prenderam nesta terça-feira a advogada e jornalista Luana de Almeida Domingos, conhecida como Luana Don, de 32 anos.[...]Segundo as investigações, Luana Don atuava

> como 'avião do PCC' ou 'pombo-correio'. A Polícia Civil paulista informou que ela estava em uma organização chamada 'sintonia dos gravatas', responsável por transmitir as ordens da cúpula do PCC para bandidos no Rio de Janeiro. "Chegamos a ela após troca de informações com a Polícia Civil de São Paulo e com o desdobramento de investigações.[...]De acordo com as investigações da Polícia Civil paulista, Luana Don recebia R$ 5 mil por mês para ser 'avião do PCC'. (O DIA, 2017).

Verifica-se, que aparentemente, não as organizações criminosas ainda estão centralizadas em uma figura masculina, no entanto, a partir das exemplificações, se entende que há uma evolução da criminalidade feminina que não pode ser sempre pré concebida através de uma influência masculina, as razões de vitimazação.

Entende-se que essas advogadas mencionadas não tinham razões vitimizadas para a entrada no crime. As mesmas partem de um fator criminológico igualitário aos homens, movida pelo poder econômico e não por serem vitimizadas. Assim, não concorda-se com o pensamento de Moki (2005) que atribui exclusivamente a iniciação da mulher no tráfico com o desemprego e baixo poder aquisitivo, quando comparados aos salários dos homens e oaumento de mulheres responsáveis financeiramente por suas famílias. Alinha-se ao pensamento de Guedes (2006) em que o mesmo não exclui esses fatores, mas acrescenta o poder via criminalidade, ganhar dinheiro fácil, a autoridade de bandido e a não submissão às regras sociais.

Aborda Almeida (2001, p. 99) que "quando muito, na literatura criminológica ouem romances, a mulher é tratada comocoautora, cúmplice ou arquiteta de crimes, eraramente como criadora de suacriminalidade",de modo que é uma raridade encontrar livros e debates que atribuam a mulher a autoria delituosa.

VANESSA ÉRICA DA SILVA SANTOS

CONSIDERAÇÕES FINAIS

As mulheres tem diuturnamente ocupado um papel protagonizador na sociedade, desde as conquitas de voto, de igualdade salarial, de políticas públicas de incentivo à contratação, passando a ocuparem a chefia de sua família, na qual deixa de ocupar apenas um papel doméstico para se inserir em igualdade com o homem nos mais diversos contextos sociais.

A partir da aplicabilidade do método histórico evolutivo, se percebe que no contexto do século XXI, precisa-se repensar o olhar secundário e estigmatizado, que remontam preconceitos sexistas não presente mais socialmente como regra, devendo hoje ser encarado como exceção.

Evidencia-se com a pesquisa exploratória que essas concepções históricas de inferiorização apenas contribuem para o aumento da criminalidade feminina, que se sente invisível ao olhar da justiça e acaba por burlar o sistema através da ocorrência das cifras negras, se mostrando assim uma criminalidade que não é combatida através de políticas públicas, tendo em vista que sequer é diagnosticada corretamente em dados governamentais.

Essas concepções de hierarquia masculina não são mais aplicáveis, para trabalhar com um novo tipo de criminologia feminina, o tipo que a mulher figura como atoras sociais de atuação racional e autônoma no crime.

É inegável que as construções sociais de personalidade esperada feminina acabam por construir dois conjuntos de mulheres, o primeiro que processa o papel imposto e se entende e se julga como vítima, impedindo inclusive sua ressocialização por impedir que entenda a protagonização das suas atitudes, condicionando sempre suas atitudes a uma figura masculina, de modo que sempre que essa figura delinquir ela o acompanhará, justamente por não entender seu protagonismo criminológico; o segundo grupo dispõe daquelas que já assimilaram seu papel protagonizador, que encontrou sua isonomia criminal, de modo a utilizar o estigma do grupo anterior para se manter longe do sistema punitivo, perfazendo o que se atribui de cifra negra da criminalidade, em que o governo não diagnostica a ocorrência dos delitos e consequentemente não enquadra nos dados governamentais usados como base para construção de políticas públicas voltadas a ressocialização.

Assim, em resposta as hipóteses lançadas na presente pesquisa, qual seja, a avaliação de coerência de dados governamentais com a criminalidade feminina atual, bem como a forma de tratamento do problema, diagnostica-se um Estado omisso na averiguação, em que ele próprio reproduz o estigma ao subjulgar o comportamento criminoso feminino, o que o faz quando por exemplo, não destina estabelecimentos específicos para mulheres, quando não pensa um modelo penitenciário específico e quando condiciona a situações mais graves e indignas o cumprimento da pena, de modo que, conclui-se que os dados estatísticos não estão coerentes com o perfil criminológico protagonista atual das mulheres, enquadrando-se inúmeros crimes nas cifras negras.

Não se defende que as mulheres estejam em numerologia delinquencial igualitária aos homens, mas sim que os números também não são tão inferiores, principalmente quando se verifica o aumento proporcional das estatísticas femininas superiores aos homens, o que acredita-se que se dá em razão do início de uma abertura para investigação feminina. A partir das investigações do tráfico de drogas e das organizações criminosas, se passa a olhar para um sujeito delitivo que ántes era totalmente descartado nas investigações. Com esse direcionamento ao longo dos anos, as estatísticas já cresceram assustadoramente, o que nos leva a questionar como se dariam os números se não estivesses presentes todos os estigmas sociais abordados no trabalho.

A pesquisa não encerra o tema abordado, mas levanta um

questionamento que poderá ser complementado por pesquisas futuras, em que sugere-se um estudo de decisões judiciais dos crimes "tipicamente masculinos" e "tipicamente femininos" para verificar se o judiciário também traz estigma social, bem como com a análise de investigações de mulheres de organizações criminosas que foram condenadas para a partir de uma análise de discurso procurar entender as motivações e identificar de forma prática uma nova criminologia crítica.

Por fim, é notória a necessidade de romper com a esteriotipização feminina, pois enquanto a mesma for tratada assim, continuará a se verificar um aumento feminino pelo seu não combate e uma burla do sistema em sua detecção, de modo que a criminologia crítica feminista, sob o olhar das cifras negras se mostra um campo essencial de averiguação social para adoção de medidas de prevenção e reação do delito.

VANESSA ÉRICA DA SILVA SANTOS

REFERÊNCIAS

ALMEIDA, R. de O. **Mulheres que Matam**. Rio de Janeiro: Relume Dumará, 2001.

________. **O Judiciário e as mulheres assassinas**: as representações sociais sobre o assassinato no contexto feminino e jurídico. In: Políticas no Brasil: Visões de antropólogos. Rio de Janeiro: Relume Dumará: Núcleo de Antropologia da Política/UFRJ, 2006.

ALMEIDA, Iris (2012), **Avaliação de Risco de Femicídio: Poder e Controlo nas Dinâmicas dasRelações Íntimas**(Tese de Doutoramento em Psicologia), [Online],Lisboa, ISCTE- IUL, Disponível   em: <http://comum.rcaap.pt/bitstream/123456789/8894/1/TESE _Almeida,%20Iris%20Sofia%20Balbino%20de.pdf>.   Acesso em: 06 set. 2018.

ANDRADE. Vera Regina de. **A soberania patriarcal: o sistema de justiça criminal no tratamento da violência sexual contra a mulher**. Revista Seqüência, Florianópolis, Número 50, jul. 2005.   p.   71-102.Disponível   em: <http://www.cnj.jus.br/files/conteudo/arquivo/2016/02/4f3 3baebd636cb77eb9a4bdc2036292c.pdf>. Acesso em: 01 jul. 2018.

ANDRADE, Vera Regina de. **Pelas mãos da criminologia**: O controle penal para além da(de)ilusão. Rio de Janeiro: Revan;

ICC, 2012.

ANITUA, Gabriel Ignácio. **História dos pensamentos criminológicos**. Tradução SérgioLamarão. Rio de Janeiro: Revan, 2008.

ANTONY, Carmen. **Mujer y cárcel: el rol genérico en la ejecución de la pena**. IN OLMO, Rosa del (org.): Criminalidad y criminalización de la mujer en la región andin Caracas: Nueva Sociedad, 1998.

BARATTA, Alessandro. **O paradigma do gênero: Da questão criminal à questão humana**. In: CAMPOS, Carmen Hein de (org.). **Criminologia e Feminismo.** Porto Alegre: Sulina,1999.

BAUER, Carlos. **Breve história da mulher no mundo ocidental**. São Paulo: Xamã: Edições Pulsar, 2001.

BASTOS, M. **Cárcere de Mulheres**. Rio de Janeiro: Diadorim Editora Ltda., 1997.

BERGALLI, Roberto; BODELÓN, Encarna. **La cuestión de lasmujeres y elderecho penalsimbólico.** Anuário de Filosofia delDerecho IX. Madrid, Ministério da Justiça, 1992.

BRAUNSTEIN, H.R.(2007). **Mulher encarcerada: uma trajetória entre a indignação e o sofrimento por atos de humilhação e violência.** Dissertação (Mestrado). Universidade de São Paulo. São Paulo-SP.

BUDÓ. M.D (2008).**O Espetáculo do crime no jornal: da construção social da criminalidade à relegitimação do Sistema Penal**. Congresso Latino Americano de Pluralismo Jurídico e Direitos Humanos.Universidade Federal de Santa Catarina. Disponível em : <http://www.egov.ufsc.br/portal/conteudo/o-espet%C3%A1culo-do-crime-no-jornal-da-constru%C3%A7%C3%A3o-social-da-criminalidade-%C3%A0-relegitima%C3%A7%C3%A3o-do-si>. Acesso em: 15 Set. 2018.

CERIONI, Clara. **De mensageiras a tesoureiras, o que fazem as mulheres do PCC.** Disponível em: <http://exame.abril.com.br/brasil/de-mensageiras-e-tesoureiras-o-que-fazem-as-mulheres-do-pcc/>. Acesso em: 15 Set. 2018.

CÉSAR, Maria Auxiliadora. **Exílio da Vida: O cotidiano de Mulheres Presidiárias**. Dissertação de Mestrado defendida no Programa de Pós-Graduação em Política Social da Universidade de Brasília, 1995.

DAVIM, Brenda Carolina Guedes; LIMA, Cátia Santos. **CRIMINALIDADE FEMININA: Desestabilidade familiar e as várias faces do abandono.** Revista transgressões: ciências criminais em debate. V.4, n.2. Novembro de 2016; Natal-RN.

DECLERECK, Marie.**As noivas de Thock: Como o PCC lida com as mulheres.** Disponível em: <https://www.vice.com/pt_br/article/qkdmpv/mulheres-do-pcc-sao-paulo>. Acesso em: 15 Set. 2018.

DIÁRIO N°01. PROGRAMA DE DIREITOS HUMANOS (PRODIH). Universidade Federal de Campina Grande, 2012.

DIÁRIO N°02. PROGRAMA DE DIREITOS HUMANOS (PRODIH). Universidade Federal de Campina Grande, 2012.

DIÁRIO N°05. PROGRAMA DE DIREITOS HUMANOS (PRODIH). Universidade Federal de Campina Grande, 2012.

HEIN, Carmen; CARVALHO; Salo de. **Tensões atuais entre a criminologia feminista e acriminologia crítica: a experiência brasileira.** In: CAMPOS, Carmen Hein de (Org.). Lei Maria da Penha Comentada em uma perspectiva jurídico-feminista. Rio de Janeiro: Lumen Juris, 2011, p.143-172. Disponível em: http://www.compromissoeatitude.org.br/wpcontent/uploads/2014/02/1 8 tensoes- atuais.pd f. Acesso em: 01 jul. 2018.

ILGENFRITZ, Iara e SOARES, Bárbara Musumeci. **Prisioneiras – vida e violência atrás das grades**. Rio de Janeiro: Garamond, 2002.

FAUSTO, B. Crime e Cotidiano: **A criminalidade em São Paulo (1880-1924)**. 2 ed. São Paulo: EDUSP, 2001.

G1- GLOBO.COM. **Advogada é detida após entrar com celulares em presídio da PB, diz polícia.** Disponível em: <https://g1.globo.com/pb/paraiba/noticia/advogada-e-presa-apos-entrar-com-celulares-em-presidio-da-pb-diz-policia.ghtml>. Acesso em: 15 Set. 2018.

GUEDES, M. A. (2006). **Intervenções psicossociais no sistema carcerário feminino**. Psicologia Ciência e Profissão, páginas consultadas: 558-569.

LEITE. Deylane Azevedo Moraes. **Abandono e Invisibilidade da Mulher Encarcerada: As Presas Definitivas do Conjunto Penal Feminino da Mata Escura sob a Ótica da Criminologia Feminista.** (Monografia) Graduação em Direito. Universidade Federal da Bahia. Salvador, 2017.

LEVANTAMENTO NACIONAL DE INFORMAÇÕES PENITENCIÁRIAS **INFOPEN Mulheres**- 2ª Edição. Brasília: Ministério da Justiça e Segurança Pública. Departamento Penitenciário Nacional, 2018. Disponível em: <http://depen.gov.br/DEPEN/depen/sisdepen/infopen-mulheres/infopenmulheres_arte_07-03-18.pdf>. Acesso em: 03 Set. 2018.

LOMBROSO, Cesar and FERRERO, William. **The FemaleOffender**. Colorado: Fred B. Rothman& Co, 1980. [1895].

LOMBROSO, Cesare. **O homem delinquente**. Tradução Sebastião José Roque. 1º

Reimpressão. São Paulo: Ícone, 2007.

MCCLELLAN, Dorothy, FARABEE, David, CROUCH, Ben (1997). **Early Victimizaction, Drug Use, and Criminality. A Comparison of Male and Female Prisoner**", Criminal Justice and Behavior, Califórnia, American Association for Correctional and Forensic Psychology.

MIYAMOTO, Yumi; KROHLING, Aloísio. **Sistema prisional brasileiro sob a perspectiva degênero: invisibilidade e desigualdade social da mulher encarcerada.** Revista Direito, Estado e Sociedade, Rio de Janeiro, n. 40, 2012. Disponível em: <http://www.jur.pucrio.br/revistades/index.php/revistades/article/view/173/155> Acesso em: 18 Ago. 2018.

MENDES, Soraia da Rosa. **Criminologia feminista: novos paradigmas**. São Paulo: Saraiva, 2014.

MOKI, M. P. (2005), **Representações sociais do trabalho carcerário feminino**. São Carlos, dissertação de mestrado, Universidade Federal de São Carlos.

O DIA. **Presa Luana Don, ex-repórter da Rede TV e advogada suspeita de ligação com o PCC.** Disponível em: <https://odia.ig.com.br/_conteudo/brasil/2017-07-04/advogada-e-ex-reporter-apontada-como-uma-das-criminosas-mais-procuradas-e-presa.html>. Acesso em: Acesso em: 15 Set. 2018.

PERROT, Michele. **Minha história das mulheres**. Tradução Ângela M. S. Côrrea. São Paulo: Contexto, 2007.

PETERMAN, Carole. **El contrato sexual**. Tradução de Maria Luiza Femenías. Barcelona: Anthoropos; México: Universidad Autonoma Metropolitana, 1995.

POLLOCK, Joycelyn (1998), **Counseling women in prison**, Thousand Oaks, Sage Publications.

RITA, Rosangela Peixoto Santa. **Mães e crianças atrás das grades: em questão o princípio da dignidade da pessoa humana.** Dissertação de mestrado apresentada ao Departamento de Serviço Social da Universidade de Brasília, 2006.

RODRIGUES, Viviane Isabela et al. **Gênero e privação de liberdade: as condições de vidadas mulheres na prisão.** Revista de iniciação científica da ULBRA, Canoas, n°10. Vol. 1,2012. Disponível em: <http://www.periodicos.ulbra.br/index.php/ic/article/view/284/242>. Acesso em: 18 Ago. 2018.

SANTOS, Juarez Cirino dos. **A criminologia Radical**. 3. ed. Curitiba: ICPC: Lumen Juris, 2008.

SANTOS, V. É. S.; Oliveira. Efigênia Tavares ; DIAS, E. E. . **A Violação dos Direitos Humanos no Presídio regional Feminino de Campina Grande e a construção da identidade da mulher encarcerada..** In: VII Encontro de Extensão Universitária da Universidade Federal de Campina Grande. Extensão Universitária: conhecimento e Cidadania, 2013, Cajazeiras-PB. Extensão Universitária: conhecimento e Cidadania, 2013.

SILVA, Edjane Esmerina da. **A (des) construção social de identidades de mulheres no mundo do crime: estigmas, negociações e diferenças.** Tese de Doutorado, Universidade Federal de Campina Grande, 2012.

SILVA, Joyce Keli do Nascimento. **Mulheres no Tráfico de Drogas: um estudo sobre a resposta do Sistema de Justiça Penal à criminalidade feminina**. Dissertação (mestrado)-Universidade Federal de Juiz de Fora, 2013.

SIEGEL, Jane, WILLIAMS, Linda.**The Relationship Between Child Sexual Abuse and Female Delinquencyand Crime: A Prospective Study**, Journal of Research in Crime and Delinquency, 2003, Londres, Sage Publications.

SOARES, Barbara Musumeci. **Mulher e Violência no Sistema de Justiça Criminal.** Revista Trabalho e Sociedade, ano I, n.°2, Rio de Janeiro, pp.3-8. 2001.

SOARES, Bárbara Musumeci. **Prisioneiras: vida e violência atrás das grades**. Rio deJaneiro: Garamond, 2002.

SOARES, B.M; ILGENFRITZ, I. **Priosioneiras: vida e violência atrás das grades**. Rio de Janeiro: Garamond, 2002.

SOUZA, K.O.J. **A pouca visibilidade da mulher brasileira no tráfico de drogas.** Revista psicologia em Estudo, Maringá, v.14, n.4, p. 649-657. Dezembro, 2009.

SPESSOTE, Desirée Valente et al. **O cárcere e o abandono: prisão, penalização erelações de gênero**. Revista Psicologia, Diversidade e Saúde. Salvador, Vol 5. n 2. 2016. Disponível em: <https://www5.bahiana.edu.br/index.php/psicologia/article/view/1050/764>.Acesso em: 18 de Ago. 2018.

TIRADENTES, Oscar. **Fatores determinantes da delinquência feminina**. Rio de Janeiro: Editora Rio Sociedade Cultural Ltda, 1978.

UOL. **PCC recruta e treina mulheres para o crime**. Disponível em: <http://atarde.uol.com.br/brasil/noticias/1211357-pcc-recruta-e-treina-mulheres-para-o-crime>. Acesso em: 15 Set. 2018.

VOEGELI, C.M.P.H. **Criminalidade e Violência no mundo feminino.** Curitiba: Juruá Editora, 2003.

ZAFFARONI, Eugenio Raúl. **A questão criminal.** Tradução Sérgio Lamarão. Rio de Janeiro: Revan, 2013. Epub.